グリム童話と日本昔話

比較民話の世界

Takagi Masafumi
高木昌史

三弥井書店

グリム童話と日本昔話
―比較民話の世界―

目次

注　KHMはグリム兄弟編『子供と家庭の童話集』（図1）

図1　グリム兄弟／右ヤーコプ・グリム（1785–1863）／左ヴィルヘルム・グリム（1786–1859）、銀板写真［ダゲレオタイプ］、1847年

序

日本の民俗学を創設した柳田国男は、『郷土生活の研究法』の中で次のように語る。

「**東西の一致** 欧羅巴では宗教は国語の堺を越え、政治もまた異なる種族の間に入り交っている。だから炉端から炉端への昔話の通訳もあったのだが、日本は島国だから特殊の伝承をもつであろうと、実はやや気楽に推量していたのであった。ところが結果は決してそうではなく、とうていその伝播の経路が分りそうもない話に、幾つとなき全世界の一致のあることを知ったのであった。」（ちくま文庫版、『柳田国男全集』28、八四―八五頁）

柳田は、国際連盟の仕事でジュネーヴに滞在していた頃（一九二一―二三年、一日帰国）（図2）、ヨーロッパ各地を旅行し、民俗学に関する洋書文献（英語、独語、仏語）を多数購入して、帰国後約十年間、それらを集中的に研究し、『昔話と文学』、『昔話覚書』、『口承文芸史考』等の著作を次々に発表したのだが、その間の研究を振り返って、彼は率直な感想を右のように吐露したのである。

昔話（民話）に関して特に注目すべきは、驚くべき〈東西の一致〉である、と彼は知った。実際、昔話においては遠く離れた土地に類似した物語が見られることが稀ではない。

洋書文献を研究して柳田はその不可思議にいち早く気付き、そこに口承文芸研究の魅力を発見したのである。そして洋書の中でも彼が特に本格的に取り組んだのがグリム兄弟の『子供と家庭の童話集』Kinder-und Hausmärchen であった。

ドイツの、否、世界の口承文芸学は、実は、この「童話集」を起点に発展した学問である。「童話集」には、元来、グリム兄弟が収集・研究した世界の昔話を比較考証した「原注」が付されている。この「原注」を土台に、後にアールネ/トンプソンの『昔話のタイプ』やボルテ/ポリフカの『グリム兄弟「子供と家庭の童話集」注解』（全五巻）等が刊行され、それらが、今日、世界の口承文芸学の基本文献となっている。柳田の滞欧時代は、幸運にも、こうした基本文献が出揃いつつあった時期と一致している。彼は精力的にそれらを購入・読破して、自身の口承文芸論を展開したのだが、そのモットーとなっていたのが、前述した昔話の〈東西の一致〉であった。グリム兄弟編『子供と家庭の童話集』

図２　柳田国男（1875–1962）、ジュネーヴにて、1921年

の「原注」を出発点とする〈一致〉の謎、換言すれば、昔話というジャンルには何故に類話が多く存在するのか?比較民話の課題はまさしくここにある。

複数の国や民族の昔話（民話）を比較するためには、言うまでもなく、グローバルな視点が必要である。様々な地域の民話を比較することによって、特定の地域の社会や文化の特徴が浮き彫りにされるばかりではなく、地域や国境を越えて、広く人間性の普遍的な本質が垣間見られることも少なくない。スイスの深層心理学者C・G・ユングが個人的な無意識のさらに奥に想定した人類普遍の「集合的無意識」の概念が、民話を比較していると、しばしば想起される。柳田のいわゆる昔話の〈東西の一致〉は、推察するに、この「集合的無意識」とどこかで繋がっているように思われる。

今日、昔話は文芸学、深層心理学、民俗学、教育学、フェミニズム等、さまざまな学問分野で関心の的となっている。恐らくそれは、人類普遍のテーマを昔話が内包しているからにちがいない。本書では、柳田のいわゆる〈東西の一致〉をキーワードに、比較の視点から、幾つかのテーマに沿って、昔話を読んでみることにする。ちなみに、最近ドイツでは、久しく以前から刊行されてきた『昔話百科事典』Enzyklopädie des Märchens（一九七七—二〇一四年、全十四巻）が、索引を残して完結した。柳田はかつて昔話の国際比較を構想していたが（『昔話覚書』改版序）、右の『事典』が出揃った現在、彼の遺志を継いで、昔話の〈東西＝国際比較〉を試みるべき期は熟している。

本書では、第一章から第六章まで、具体的なテーマをめぐって東西の昔話を比較考証し、最後に（第七章）、比較研究の歴史を振り返りながら、理論的な部分を整理したい。

グリムから柳田国男へ

本題に入る前に、昔話の比較研究の視点から、本書の二本の柱であるグリム兄弟と柳田国男の関係について、その概要を紹介しておきたい。

我が国で口承文芸学の基礎を確立した柳田国男が、このジャンルの代表格である「昔話」（ドイツ語 Volksmärchen、以下「民話」とも表記）に関して特に注目したのは、前述のように、驚くべき「東西の一致」であった（『郷土生活の研究法』）。

昔話比較の原点は、ドイツのグリム兄弟 Brüder Grimm、すなわちヤーコプとヴィルヘルムが編纂した『子供と家庭の童話集』Kinder-und Hausmärchen（いわゆる「グリム童話集」、以下ＫＨＭと略記）の「原注」Originalanmerkungen に遡る。それには次の三段階がある。

1　ＫＨＭ「初版」（一八一二／一五年）各巻末尾
2　ＫＨＭ第二版（一八一九年）第三巻の「注釈篇」（一八二二年）
3　ＫＨＭ第三版（一八三七年）第三巻の「注釈篇」（一八五六年）

右の1、2、3にはかなりの異同があるが、3「注釈篇」（レクラム版）には、「参考文献」が収録されている。ヴィルヘルムがそこで紹介・解説している昔話（民話）の範囲はヨーロッパのみならず、世界各地も含まれ、すでにグローバルな規模である。

――成城大学民俗学研究所の「柳田文庫」には、レクラム版の3「注釈篇」が収蔵されている。

次は、ＫＨＭ「注釈篇」を大幅に増補したボルテ／ポリフカの『グリム兄弟「子供と家庭の童話集」注解』Anmerkungen zu den Kinder-und Hausmärchen der Brüder Grimm, neu bearbeitet von Johannes Bolte und Georg Polivka 全五巻（一九一三／一五／一八／三〇／三二年））（以下Ｂ／Ｐと略記）である。この『注解』は、グリムの「注釈篇」を土台に、ドイツの民俗学者ボルテとチェコの学者ポリフカがその後体系的に収集・整理した世界中の類話情報が収録されている。それは以後、昔話の比較研究の重要な拠所となった。

——柳田国男はジュネーヴ滞在時と帰国後、この「注釈篇」五巻を揃えて、彼の昔話研究に活用した（「柳田文庫」所蔵）。

ボルテ／ポリフカの『注解』直後、ボルテとマッケンゼンによって、本格的な『ドイツ昔話辞典』が企画された。J. Bolte/L. Mackensen: Handwörterbuch des deutschen Märchens（一九三三／四〇年）しかし残念ながら、この「辞典」は第二次世界大戦の混乱の中、第二巻のGで頓挫してしまった。内容は今日的に見ても興味深い。

——柳田もこの「辞典」を愛読し参考にした（「柳田文庫」所蔵）。

『ドイツ昔話辞典』は〈ドイツ〉に範囲が限られていたが、その後の種々の学問（文芸学、心理学、民俗学等々）の進歩と、今日の学際的かつグローバルな学問動向を踏まえて、ドイツの民俗学者クルト・ランケが中心となって、空前絶後の「百科事典」が構想された。『昔話百科事典』Enzyklopädie des Märchens（一九七七年～二〇一四年、全十四巻）がそれである（「索引」は現在未刊）。柳田の目標に呼応するかのように、同百科事典は「物語の歴史的・比較的研究のためのハンドブック」Handwörterbuch zur historischen und vergleichenden Erzählforschung を副題としている。

辞典や事典の類と並んで、昔話の比較研究の基礎を構築したのは「索引」類である。最初の索引は、フィンランドの学者アンティ・アールネ Antti Aarne がドイツ語で作成し、一九一〇年に発表した『昔話タイプの索引』Verzeichnis der Märchentypen である。一九二八年には、アメリカの民俗学者スティス・トンプソン Stith Thompson が、英語で同索引の大幅な増補改訂版『昔話のタイプ』The Types of the Folktale を刊行し、同書は同じトンプソンによって、一九六一年、さらに改訂され（以下、ATと略記）、久しく国際的なタイプ基準として利用されている。そして最近、ドイツの口承文芸学者ハンス-イェルク・ウターHans-Jörg Uther がATに基づいて、『国際的昔話のタイプ』The Types of International Folktales を英語で刊行した（全三巻、二〇〇四年）（ATUと略記）。

——「柳田文庫」所蔵のATは、FFC（Folklore Fellows' Communications）七四の一九二六年版である。

柳田が昔話の「東西の一致」に着目してから『昔話百科事典』刊行までの歴史を、以上、簡単に振り返った。辞典・事典や索引類は現在、ほぼ出揃った。

1

果実からの誕生

三つのオレンジ／瓜子姫

序

今年二〇一五年は、グリム兄弟Brüder Grimm（兄ヤーコプJacob［一七八五―一八六三］と弟ヴィルヘルムWilhelm［一七八六―一八五九］）が彼らの『子供と家庭の童話集』Kinder-und Hausmärchen（以下KHMとも略記）の初版二巻を刊行してから二百年を迎えた。(1)また一方、わが国の口承文芸学を樹立した柳田国男（一八七五―一九六二）が没してから半世紀あまりが過ぎた。(2)その間、神話、伝説、昔話といったジャンルの重要性は、文芸学、民俗学、心理学そして教育学等、様々な分野でますます深く認識されてきた。中でも、その集大成とも言うべき『昔話百科事典』Enzyklopädie des Märchens（以下EMとも略記）は注目を浴びている。(3)

グリム兄弟がKHMに付した「原注」Originalanmerkungen(4)を出発点に、その後幾つかの貴重な試みがなされた後、(5)ドイツの民俗学者クルト・ランケが企画・構想し、多くの専門家の執筆・協力のもと、右の『昔話百科事典』は、一九七七年に第一巻が刊行され、二〇一四年現在全十四巻AからZまで、索引を残し、完結した。その副題は「物語の歴史的・比較的研究のための辞典」Handwörterbuch zur historischen und vergleichenden Erzählforschungを謳っている。(6)翻って、わが国でも、実は、柳田がこの「歴史的・比較的研究」に着手していた。特にジュネーヴ滞在（一九二一／二三年）以後、彼は口承文芸を国内および国際的なレヴェルで比較研究している（『昔話と文学』所収「うつぼ舟の王女」「鳥言葉の昔話」、『昔話覚書』所収「味噌買橋」等）。本書では、『昔話百科事典』の成果も活用しながら、柳田が開拓した昔話の比較論を試みることにしたい。今回は日本昔話「瓜子姫」と西洋昔話「三つのオレンジ」（KHMに類話はない）を扱う。

A　瓜子姫

柳田国男が強い関心を抱いた日本昔話の一つは「瓜子姫」である。[7] 東北から九州まで広く分布する「瓜子姫」の中から、彼は出雲の話を『日本の昔話』（一九三〇年初版）に収録したが、その粗筋は次の通りである。

昔々、爺と婆がいた。爺は山で薪を伐り、婆は川で洗濯をしていた。ある日婆が川へ行くと、川上から瓜が流れてきた。拾って割ると、中から小さな美しい女の子が出てきたので、瓜子姫と名付け可愛がって育てた。好い娘に成長した姫は毎日機を織った。鎮守様のお祭りに娘を連れて行くため、爺と婆は駕籠を買いに出かけた。留守をしながら娘が機を織っていると、あまのじゃくが来て、戸を少し開けてくれと言った。瓜子が警戒して細目に開けると、あまのじゃくは恐ろしい手で戸を開け、柿の実を取ってやると言って、瓜子を裏の畑へ連れ出し、裸にして柿の樹に縛りつけた。あまのじゃくが瓜子の着物を着て化け機を織っていると、爺と婆が帰って来た。二人はあまのじゃくを駕籠に乗せ、鎮守様へ詣ろうとした。すると、裏の柿の樹の陰から本当の瓜子姫が（偽の）瓜子を乗せないでと大声で泣いた。爺婆は驚いて引き返し、爺が鎌であまのじゃくの首を切り黍の畑に棄てた。黍の茎が赤いのはそのためである。(8)

冒頭の「瓜」を「桃」に置き換えれば桃太郎の話になるこの昔話に、柳田は大いに注目し、最初の口承文芸論『桃太郎の誕生』（一九三三年）所収の「瓜子織姫」を発表した。(9)その中で、「桃太郎の桃が瓜子姫の瓜よりも後のものであったことは、そう多くの臆測を借らずとも容易にこれを認めることができる」として、彼は、一般に知名度の高い桃太郎よりはむしろ瓜子姫に、本の題名とは裏腹に、多くの紙数を割いた。

桃太郎と瓜子姫、二人はいずれも果実から生まれた異常誕生のいわゆる「小さ子」で、周知のように、前半のストーリー展開は類似しているものの、後半は、一方は鬼が島で鬼を退治した英雄、他方は天邪鬼に襲われるか弱い娘を描いており、対照的である。しかし、と柳田は語る。「異常の経過を取って人界に出現した童子が、後に成長して異常の事業をなし遂げたという要点」において、両者は「左右一対」である、と。[10]
『日本昔話名彙』(一九四八年初版)の中で柳田は、「桃太郎」と「瓜子姫子」を、「一寸法師」等とともに、「完形昔話」の〈誕生と奇瑞〉に分類し、[11]前述「瓜子織姫」論の中でこう述べている。「川上の清く高き処」から流れ来た瓜子姫(=異常の誕生)、卓越した機織りの技能を持つ(=異常の事業)彼女の姿には、織姫=神に仕える少女=巫女という遥かな宗教的要素が投影されている、と。[12]この観点から見れば、「瓜子姫」は確かに〈誕生と奇瑞〉タイプに属しているのかも知れない。さらに興味深いことに、柳田は「瓜子姫」に「いわゆるダナエ神話のこの島に来てからの変化」[13]を想像する。ギリシア神話によれば、娘の子に殺されるであろうという神託を受けたアルゴス王アクリシオスは、それを回避するため、黄金の雨(=ゼウス)によって赤子を産んだ王女ダナエを、赤子もろとも箱に入れて海に流す。遺棄された赤子(=孫)はその後、様々な苦難を乗り越えて英雄(=ペルセウス)に成長する。[14]この貴種流離譚に柳田は、わが国の「瓜子姫」物語のいわば祖型を見出したのである。そのテーマも興味深いが、本稿では、特に「敵対者」の観点から、「瓜子姫」を西洋の類話(「三つのオレンジ」/後述)と読み比べることにしたい。

1 「瓜子姫」――西日本型と東日本型

前述出雲の「瓜子姫」話。爺と婆が出掛けたあと、瓜子が留守番をしながら機を織っていると、あまのじゃくが来て、作り声で戸を開けてくれと願い、細目に開いた戸に手を差し込み侵入する。柿の木に瓜子姫を縛り付け、あまのじゃくは姫に化けるが、最後に爺に退治され、姫は助かる。[15] 柳田が「瓜子織姫」論で紹介している石見(島根県)の「瓜子姫」も同様のストーリーである。本当の花嫁(瓜子姫)は柿の樹に縛られ、偽の花嫁(あまのじゃく)を爺と婆は、それと気付かず、「嫁にやる」ため駕籠に乗せる。が、姫の泣き声で真相を知った駕籠かきが、あまのじゃくを退治し、姫は木から助け下ろされる。[16]

以上は西日本の話である。それに対して、東日本の「瓜子姫」は破局的な最期を迎える。例えば、福島県の「瓜姫」。姫が留守をしていると、あまのじゃくが現れ、戸から押し入り、姫を「頭からむしゃむしゃ食って」しまう。瓜姫の着物を着て姫に化けたあまのじゃくは、駕籠に乗って長者の家に祝言に出掛けるが、途中、雀の大群が真相を暴く。しかしあまのじゃくは雀たちを萱の根元で食い尽くす。[17] 新潟県の「瓜姫」では、留守をしていた瓜姫のところに「天邪鬼」が現れ、姫に「乗りうつる」。姫は最後に死んでしまう。[18] 佐々木喜善の『聴耳草紙』に収録された七篇の「瓜子姫子」(岩手県)も、すべて悲劇的な幕切れである。「山母」(その一)、「アマノジャク」(その二、四、五、)、「隣の娘＝山姥」(その三）、「山の狼」（その六）、「怪しい者＝天ノ邪鬼」（その七）、彼らはみな姫を殺す。しかも「俎の上」にのせて、「包丁」で頭、手、脚を切り刻み、残りを煮る（その六）、という具合に、まさに恐怖物語の様相さえ帯びている。[19]

柳田国男が一九一〇年に刊行した『遠野物語』の中の「おりこひめこ」（一一七番）はこうだ。「トト［父］とガガ［母］」が娘の嫁支度を買いに町へ出かけている留守に、「昼の頃ヤマハハ来たりて娘を取りて食ひ、娘の皮をかぶり娘になりてをる」。翌日、鶏の鳴き声で、両親は事態に気付き、姫に化けたヤマハハを馬から下ろして殺す。そして糠屋の隅に多数の娘の骨を発見する。[20] これもまた恐怖（残酷）物語である。

柳田は、これについて、「その骨を繫ぐと不思議な力で、復活してもとの美しい姫になったという風な、また一つ別の話し方がもとあったのではないか」（『昔話と文学』一九三八年刊「かちかち山」）と推測する。[21] また別の個所で、東北における瓜子姫子の話では、姫がみな殺されてしまい、「結末の明るさがない」が、この郡（岩手県北部）で採集された一例では、木に縛られた姫が爺婆に助けられたことになっており、「こちらがおそらく一つ前の形であったろう」と結論する（『昔話覚書』一九四三年刊「〈二戸の昔話〉を読む」）。[22] さらに「辞書解説原稿」「瓜子姫」の項で、柳田は、「昔話にハッピーエンドを持たぬものは無い」とし、「喰われたとある場合でも、元は恐らくは再生の悦びを附け添へてゐたのであろう」

と解説する(23)。

以上、総じて、「瓜子姫」は西日本にその原型をとどめ、東日本の話の多くは後のヴァリエーションを示している、と柳田は認識していたようである。「瓜子姫」の地域差は様々な考察を誘うが、前述「瓜子織姫」(『桃太郎の誕生』)論の眼目の一つは、姫の敵アマノジャクである。柳田はそこで興味深い分析を試みている。

2 アマノジャク

グリム童話「狼と七匹の子山羊」(KHM五)の狼のように、作り声を使って瓜子姫に近づき、戸の隙間から侵入して、多くの場合、姫を食べてしまうアマノジャクとは一体どのような存在なのだろうか。

『日本国語大辞典』(24)によると、「あまのじゃく」(天邪鬼)は、(1)民話などに悪役として登場する鬼。天探女《あまのさぐめ》に由来するといわれる。(2)何事でも人の意にさからった行動ばかりすること。また、そのような人、さま。ひねくれ者。つむじまがり。(3)仏像で,仁王や四天王の足下に踏みつけられている小悪鬼、等である。

(1)「天探女」は、『古事記』上巻(「葦原中国[あしはらのなかつくに]平定」(25))の中で、天照大神の命に背いた天若日子《あめのわかひこ》(『日本書紀』「神代」下では天雅彦(26))の責任追及のため高天原から遣わされた雉の鳴き声を聞いて、その声が不吉だとし、雉を射殺するよう天若日子に勧めた女神である。放たれた矢は雉を貫き、天照大神と高木神《たかきのかみ》（＝高御産巣日神《たかみむすひのかみ》）の許に達する。高木神は、血のついた矢の羽を見て、天若日子に与えた矢であることを知り、後者に邪心があるなら、矢に当たって死ね、と天からそれを突き返す。矢は天若日子に命中、彼は死ぬ。（「返し矢」の由来）。人の邪念を探って唆した天探女は、こうして、人の意に逆らう邪悪な存在・心理＝アマノジャクに転化したようだ(27)。

柳田国男は語る。「日本の昔話として我々の最も注意するのは、瓜子姫の敵の名がアマノジャクであったという点である。アマノジャクが神の計画の妨碍者であり、しかも通例は〈負ける敵〉であったことは、弘く他の民間伝承にも認められる」（「瓜子織姫」(28)）。

意地悪で常に神に逆らうものの、神に匹敵するほどの力はなく、「常に負ける者の憎らしさと可笑味とを具えていた」「ワキ役(29)」、アマノジャクの本性を柳田はそこに見る。

ところで、瓜姫咄の最古の記録は、柳田も指摘するように、江戸後期の国学者、喜多村筠庭［いんてい］（＝信節［のぶよ］）（一七八三―一八五六）著『嬉遊笑覧』（一八三〇年成立）巻九とされる。庶民生活の史料、伝承文化の集成として知られるこの書物には次のように記されている。

「瓜姫の話など是なり。今江戸の小児、多《おおく》は此話を知らず。桃太郎と同類の話にて、老婆洗濯してある処へ、瓜流れ来ければ拾ひとり、家に帰りて老父に喰せむとて割たれば、内より小《ちいさ》き姫出たり。いつくしき事限りなければ夫婦喜び、養ひて一間なる内におく。姫生ひ立て機《ハタ》織をる事をよくして、常に一間の外《ト》に出ず。ある時、庭の樹に鳥の声して、瓜ひめの織たるはたのこしに、あまのじゃくが乗たりと聞えけるに、夫婦あやしと思ひて、一間の内に入て見れば、あまのじゃく瓜姫を縄もて縛りぬ。夫婦驚きて是をたすけ、あまのじゃくを縛りて、此奴《コヤツ》薄の葉にてひかんとて、すすきの葉もてひき切《きっ》て殺《ころし》ぬ。今も芒《ススキ》の葉のもとに赤く染たるは、その血の痕《あと》なりといふ物語、郷下《ホナカ》には今も語れり（信濃の人の語るを聞しことあり）。桃太郎の話といづれか先なる」(30)。

『嬉遊笑覧』の「瓜姫」は、簡潔な話の中に、川上から流れ着いた瓜＝貴種流離譚、瓜から生まれた小さな姫＝小さ子、機織りの名手に成長した姫＝神に仕える娘＝巫女、真実を知らせる鳥の声＝鳥言葉の昔話、瓜姫と入れ替わったあまのじゃく＝すり替えられた花嫁のモティーフ、芒の赤い根元＝葉で殺害されたあまのじゃくの血＝由来譚、といった具合に、昔話を構成する幾つかの要件を見事に兼備している。ここでも、瓜姫の敵あまのじゃくは最後に老夫婦によって退治される。柳田のいわゆる〈負ける敵〉の典型である。

「桃太郎の話といづれか先なる」に関して、柳田は瓜子姫が先と見る(31)。そして最後にこう語る。「人生の理想の幸福のためには、アマノジャクなどはいない方がよかったのだが、退いてこの現実の不如意をあまないまた楽しもうとするには、彼もまた闕［か］くべからざる大切な役者であった(32)」。

「ワキ役」、「役者」等、演劇用語を駆使しながら、柳田は瓜姫物語におけるアマノジャクの役割を右のように総括する。思うままにならない現実を受け容れ、逆にそれを楽しむために不可欠な存在、しかも素姓としては悪魔の系譜に属する天邪鬼は、日本昔話「瓜姫」に独特の魅力を与えるキャラクターなのである。

　思えば、主人公が最後に救出される西日本型の「瓜子姫」は、否応なく日常に割り込んでくる悪や危機（アマノジャクはその象徴である）を物語の基軸に絡ませながら、必ずしも順調・平穏には進行しない現実を負の側面もろとも映し出すことで、逆にそれを乗り越える勇気と希望そして知恵を人々に与えてくれるのかも知れない。「瓜子姫」物語は、『嬉遊笑覧』が示す通り、恐らくはこの西日本型を原型として、様々な類話が生まれたに違いない。悲劇的な終末を迎える東日本型の「瓜子姫」は、恐怖と教訓の要素を強調した派生型と言える。それにしても、柳田の「現実の不如意」は言い得て妙である。読み方次第ではある種の諦念とも取れるが、人生の真実がそこに凝縮されているために、彼は敢えてこの表現を用いたのではあるまいか。昔話の奥深さを彼はそこに認めたのである。

B　三つのオレンジ

昔話タイプの国際基準から見た場合、「瓜子姫」はどのように位置づけられるのだろうか。池田弘子は「瓜子姫」Melon Princess... Uriko Hime を四〇八Bに分類し、四要素を物語の骨子として掲げる(Hiroko Ikeda: A Type and Motif Index of Japanese Folk-Literature, 1971)[33]。すなわち、一「瓜からの誕生」、二「殺害」、三「アマノジャクの正体が暴かれる」、四「結末」である。池田は最後に、「大いに熟考したあと、これを四〇八Bに分類することに決めた」とし、物語の冒頭が三〇二「桃太郎」Peach Boy or Momotaro と同じであるとし、アマノジャクを「女鬼」an ogress(「鬼」ogre の女性形)と英訳している。

ところで、アールネ/トンプソンの『昔話のタイプ』(A. Aarne/S. Thompson: The Types of the Folktale, 1962)(以下ATと略記)[34]の四〇八番は「三つのオレンジ」The Three Oranges を題名に掲げている。池田は「瓜子姫」をその類話と見做したのである。そこで比較考証のために、西洋版のテクストとして、『スペイン民話集』(三原幸久編訳)所収の「三つのオレンジ」を初めに読んでみることにしたい(以下要約)。

1 「三つのオレンジ」

昔、王様に一人の王子がいた。成長して王位についた王子は、花嫁探しの旅に出かけた。泉で水を飲もうとすると、水に三つのオレンジが映っていた。オレンジを採って割ってみると、最初のオレンジから一本の櫛、二番目のオレンジから鏡が出てきた。そして三番目のオレンジからは綺麗な乙女が現れた。乙女は裸だった。そこで王様は宮殿へ服を取りに帰った。途中、彼はあの人と結婚しよう、と言い続けた。

王様が去ると、ジプシーの魔女が水を汲みに来た。そして水に映った乙女を見て、それを自分と勘違いし、己の(?)美しさゆえ下女の仕事が厭になって壺を壊した。その時、彼女は木の上の乙女に気づいた。魔女は髪に櫛を入れさせてくれるよう乙女に執拗に言い寄り、遂に承諾させた。魔女は櫛を入れながら、頭に黒いピンを突き刺して乙女を一羽の鳩に変身させ、代わりに木に登った。服を持って戻った王様は乙女(ジプシー)が何故に黒くなったのか尋ねた。日に焼けたからと答えたジプシーを王様は宮殿に連れ帰って結婚した。数日後、農夫たちが畑に行くと、鳩が来て、王様と王妃の様子を聞いた。農夫はそのことを王様に伝えた。翌日も同様で、王様はその次の日に鳩を捕えてくるように農夫に命じた。食事中、綺麗な鳩を褒めながら撫でていた王様は、頭にピンが刺さっているのを発見し、それを抜いた。すると鳩は美しい乙女に変身した。乙女は王様にその間の出来事を話した。王様は乙女と結婚し、ジプシーの魔女は焼き殺され、灰は風に飛ばされた。[35]

短いながら見事に起承転結を具えた昔話である。第一第二のオレンジから出てくる呪術的な小道具、「櫛」と「鏡」は、わが国ではすでに『古事記』にも見られ[36]、その共通性が興味深い。三番目に現れる「綺麗な乙女」は、「桃太郎」や「瓜子姫」の場合とは異なり、最初から乙女の姿で、しかも裸である。王様は彼女に恋するが（本当の花嫁）、彼の留守中、ジプシーの魔女が乙女の頭にピンを刺して殺し（乙女は鳩［魂の鳥＝霊鳥］となる）、花嫁の地位を奪ってしまう（偽の花嫁）。しかし王様がピンに気づいてそれを抜くと、乙女は復活する。魔女は罰せられ、王様と乙女は結婚する。

「瓜子姫」＝「オレンジの乙女」、「アマノジャク」＝「ジプシーの魔女」、日本とスペインの民話は、主人公（前者）と敵対者（後者）が演じる「本当の花嫁と偽の花嫁」のドラマである。続いてイタリアの類話を覗いてみたい。

2 「三つのシトロン」

ところで、「三つのオレンジ」物語の最古の類話は、十七世紀イタリアの作家バジーレの「三つのシトロン」（『ペンタメローネ』第五日第九話）（図３）に見出される。ストーリーは右のスペインのものと殆ど同じだが、語りはバロック的にはるかに詳しい。粗筋はこうである。

王子の花嫁探しの旅は、ジェノヴァからジブラルタル海峡を経て西インド諸島、そして鬼女の島に向かう。その後、王子はある老婆から三つのシトロンをもらい、イタリアへの帰路に着く。一つ目と二つ目のシトロンから乙女が出て来て直ぐに消えると、三つ目のシトロンからは「ヨーグルトデザートみたいな美女」が現れる。王子は裸の美女（妖精）のために服を取りに戻る。その間、黒い奴隷女が、水に映った妖精の姿を自分だと思い込む。その後、ピンによる殺害、鳩への変身等々、物語は進行する。王子は奴隷女と結婚し王様になる。王妃の命令で鳩は料理人に捕えられ殺されるが、その羽からシトロンの木が生え、果実から現れた乙女が王様に真相を暴露する。王様と乙女の婚礼の準備が新たに整えられ、悪い王妃（奴隷女）は火刑となる。(37)

図３　「三つのシトロン」挿絵（バジーレ『ペンタメローネ』1794年版、ナポリ）

アールネ／トンプソンの『昔話のタイプ』によると、AT四〇八「三つのオレンジ」は、イタリア、スペイン、ギリシア等、南欧の他、チェコ、ロシア、トルコ、また中南米のキューバやチリ等に広く分布する有名な昔話である。[38] この物語の構成要素は、一「老女の呪い」、二「オレンジ姫の獲得」、三「黒人女性がオレンジ姫とすり替る」、四「鳩となったオレンジ姫」、五「木となったオレンジ姫」、六「ヒロインの魔法が解ける」、七「恋人の再会」の七つである。

右を指標にスペイン版「三つのオレンジ」とイタリア版「三つのシトロン」を比較すると、一は後者のみ、二はオレンジ＝シトロン、三はジプシーの魔女＝黒い奴隷女、四は共通、五は後者のみ、六は前者では王様がピンを抜き、後者ではシトロンの乙女が出現することによって可能となる。七は共通である。以上、多少の異同はあるが、両物語はいずれも「本当の花嫁と偽の花嫁」（「すり替えられた花嫁」）のモティーフを中心に展開される。

西洋の民話「三つのオレンジ」および「三つのシトロン」をわが国の「瓜子姫」と読み比べた場合、まず浮上してくる共通点は、果実からの乙女の誕生（オレンジ／シトロン―瓜）、敵対者（ジプシーの魔女／黒い奴隷女―アマノジャク）による乙女の殺害（あるいは仮死状態―木に縛られる等）、そして敵対者の正体が暴かれるクライマックス。すなわち、「偽の花嫁」の陰謀が暴露されて罰せられ、「本当の花嫁」が本来の地位を回復するハッピーエンドである。

そこで以上三点について詳しく比較検討してみることにしたい。

C　AT四〇八の東西

『日本昔話名彙』の中で柳田国男は「瓜子姫子」を「桃太郎」や「一寸法師」とともに「誕生と奇瑞」に分類した[39]。同じ〈小さ子〉あるいは〈申し子〉の中でも、男性の主人公が、桃太郎のように、鬼を退治して世の中に貢献するのに対して、女主人公である瓜子姫は、そうした英雄的な行為ではなく、機織りの技術と器量の良さによって、最後は長者の花嫁となる（西日本型）。柳田は二つの昔話の相違をこう説明する。桃太郎には「肝要なる妻問ひの一條が省かれてゐるが、瓜子姫はやはり婚姻を以て完成の一つに數へてゐる」（『辞書解説原稿』）「瓜子姫」[40]。この「婚姻」に関しては後述することにし、初めに、「誕生と奇瑞」に触れておきたい。

1　果実からの誕生

「桃太郎」と「瓜子姫」、そして「三つのオレンジ」に共通しているのは、果物からの誕生という〈奇瑞〉である。ロシアの口承文芸学者V・プロップによれば、「妊娠するために果実を食べる習俗」は世界中すべての文化的な発展段階に見出されると言う。シベリアでは林檎、スマトラのマレー人のココナッツ、ボヘミヤのネズの実、ギリシア神話では柘榴等、彼は豊富な例を挙げる。[41]イギリスの人類学者フレイザーの共感呪術の理論を引用しながら、プロップは、果実（植物）の豊饒力がそれを食べる人間に「呪術的に移る」民間信仰に注目する。[42]ところで、桃太郎と瓜子姫は川上から流れ着いた果物から生まれる。柳田は、興味深いことに、その著『桃太郎の誕生』の中で、子を欲しかった婆が「股［もも］」に孕んで小さな子を生んだ、それでモモ太郎と名付けた」という類話を紹介する。[43]「桃」の豊饒性が、同音異義の「股」に転移したと見ることも出来るが、例えば、『御伽草子』の「一寸法師」では、姥は「四十に及ぶまで、子のなきことを悲しみ」住吉に参詣し、四十一にして男子を儲ける、と語られている。[44]福島県の「瓜姫」では、子のいない爺と婆は、山の神に子宝を願う。すると、川上から大きな瓜が流れてきて、中から女の子が生まれる。[45]これは、山の神の取り計らいで川上から流れて来た果物（桃／瓜）の豊饒力が、それを拾って食した四十代女性の妊娠を促した、と読むことも出来るかも知れない。柳田は、流れ着いた桃や瓜に「川上の未知数」、「川上の清く高き処にある」「異常の力」を想定し、「瓜子姫」昔話に一種の貴種流離譚を認め、「桃」に中国の影響を認める一方、「瓜」に「多分の霊怪味」を感知して、物語の原像をそこに探る。[46]

西洋の「三つのオレンジ」タイプの場合はどうか。スペイン民話では、三つのオレンジから「櫛」と「鏡」が出たあと、最後に「綺麗な乙女」が「真っ裸」で現れる。イタリア民話では、三つのシトロンからそれぞれ乙女が現れるが、最初の二人はすぐに消え、最後に「妖精」が出てくる。彼女は「いかなる尺度でもはかれない」美女で、「どんな罪のないひとでも、彼女を見れば、欲望の絞首台に送られたことでしょう」と、バジーレは彼一流の比喩を駆使して語る。[47]スペインとイタリア、いずれの民話においても、果実から現れるのは、桃太郎や瓜子姫のような〈小さ子〉ではなく、成人女性、しかも裸である。

『昔話百科事典』（EM）によると、AT四〇八「三つのオレンジ」はペルシャ起源の物語とも言われる。主人公の鳥（鳩）や樹木（オレンジの木）への変身には東洋的な輪廻思想Metempsychose（魂の―遍歴）が認められ、それがヨーロッパの魔法昔話に受容されたと推察されている。[48]果実から乙女への変身、乙女の鳩への変身、さらに（鳩の羽から生えた）果実から乙女への変身に、輪廻思想は投影されているのかも知れない。

「瓜子姫」はどうだろうか。福島県の「瓜子姫」では、女主人公はあまのじゃくに食べられてしまうが、物語の末尾で、「瓜姫の乗り駕籠に、あまのじゃくが乗ってるわ」と囃し立てる雀に、我々は霊鳥Seelenvogelとなった彼女の姿を認めることが出来る。[49]また新潟県の「瓜姫」でも、天邪鬼が瓜姫に乗り移ったあと、爺さまが裏の畑に行くと、「一羽のきれいな小鳥」が飛んで来て、「瓜姫の機に天邪鬼がのったいよ／若衆おうてくりゃれ、ほーほー」と鳴く。(50) これもやはり本来の瓜姫が霊鳥となった姿に他ならない。さらに柳田国男の『日本の昔話』に収められた出雲の「瓜子姫」では、機を織っていた瓜子をあまのじゃくが裏の畑に連れ出し、裸にして柿の樹に縛り付け、自分が瓜子の着物を着て駕籠に乗り鎮守様に詣でようとする。すると「柿の樹の陰」から瓜子姫があまのじゃくを駕籠に乗せないようにと泣く。ここで女主人公は樹木と一体となっている。(51)

以上、「瓜子姫」の昔話に我々は輪廻思想の遥かな名残を読み取ることが出来る。これを「三つのオレンジ」東洋起源説（ＥＭ）と照合するならば、ＡＴ四〇八タイプの東西昔話の深い繋がりが垣間見えてくるのではあるまいか。

2　敵対者

「瓜子姫」の敵対者アマノジャクに関してはすでに触れたので、ここでは主に「三つのオレンジ」タイプにおける敵対者に言及し、最後に比較考証をすることにしたい。

スペイン民話「三つのオレンジ」。オレンジから生まれた裸の「綺麗な乙女」を見初めた王様は、乙女のために宮殿へ衣服を取りに行く。その間、「ジプシーの魔女」が乙女に近づき、その頭にピンを刺して一羽の鳩に変身させてしまう。花嫁の地位を狙ったのである。

「放浪の民」の代名詞ともなっている「ジプシー」Zigeuner は、今日、ドイツ系はジント Sinto（複数形ジンティ Sinti）、非ドイツ系はロム Rom（複数形ロマ Roma）と称されるが[52]、彼らの由来に関しては十五世紀以来、タタール、エジプト出身、ユダヤ人等、様々な説が語られた。遠くインドからヨーロッパへ旅してきた人々であることが判明したのは、ようやく十八世紀半葉である。彼らは医術や馬に関する豊かな知識を持ち、楽器の演奏や舞踏の技に優れ、鋳掛屋や見世物興業などを職業としていたが、生活環境は、その非定住性もあって、きわめて厳しかった（阿部謹也『中世を旅する人びと』）[53]。現代の統計（一九七〇年代）では、人口は全体で五〇〇～六〇〇万人を数え、ポーランドとスペインに特に多く（各八〇万人）、他、チェコ、ルーマニア、ハンガリー等の東欧、フランス、ロシア、アメリカ合衆国そしてドイツ等を生活圏としているようである[54]。

スペインでは、フェルナンド五世（一四五二―一五一六年）の時代、容赦ないカトリック精神の下、ユダヤ人やムーア人の排斥運動が行われ、一四九九年、ジプシーに反対する国法も発布され、以後、三世紀が経過し、十八世紀の啓蒙の時代（カルロス三世の頃）にようやく、彼らに定住権を与える努力がなされた[55]。「三つのオレンジ」中の「ジプシーの魔女」には、このようなジプシーの受難の歴史が反映されているのかも知れない。

一方、（ジプシーの）「魔女」もスペインを含む広くヨーロッパの社会史の断面を示している。中世末期から十八世紀にかけて、西洋では魔女裁判の嵐が吹き荒れたが[56]、ドイツでドミニコ会士H・インスティトーリス InstitorisとJ・シュプレンガー Sprengerが『魔女への鉄槌』Malleus maleficarumを刊行し（シュトラースブルク、一四八七年）、スペインでも厳格と残虐さで有名なドミニコ会士、初代宗教裁判長のT・d・トルケマダ Torquemadaが『教程書』Instrucciones de los inquisitadores（セビーリャ、一四八四年）を発表し、その後異端審問の土台を作った。スペインは回教徒やユダヤ人が多かったこともあり、異端審問は苛烈を極めたが[57]、前述のように、ジプシーもまた差別される側の存在であったことから、「三つのオレンジ」における主人公の敵役である「ジプシーの魔女」は二重の意味で当時の社会を色濃く反映している。昔話が時代や社会の相貌を示す貴重な史料でもあることを、「三つのオレンジ」は実証している。

「三つのオレンジ」タイプ最古の物語、バジーレの「三つのシトロン」（『ペンタメローネ』）はどうだろうか。三つ目のシトロンから出てきた美女（妖精）を樫の木の空洞に残し、王子が衣服を取りに戻っている間に、「黒い奴隷女」が妖精に近づき頭にピンを刺すと、妖精は鳩に姿を変え飛び去る。ここにも実は、歴史が明瞭に刻印されている。奴隷制 Sklaverei[58]は、戦争捕虜などが契機となって地上の様々な地域で生まれた社会的な従属関係で、ヨーロッパでは古代ギリシアやローマでも行われていたが、キリスト教国家では十世紀以降ふたたび盛んになったようだ。地中海の港町では特に、奴隷売買が成功を収め、トルコ、北アフリカ、スペインの他、スラヴ諸国のイスラム民族から奴隷がもたらされた。そして十五世紀にポルトガル人がアフリカ海岸を発見するに至って、無数の黒人が奴隷市場で売買された。奴隷制が廃止されたのは、殆ど十九世紀になってからである（デンマーク、イギリス等）。それ故、バジーレが『ペンタメローネ』を執筆していた十七世紀前半にはすでに、アフリカ出身の黒人奴隷がヨーロッパ諸国で多数生活していた。イタリア作家は彼らの在り様の一端を「三つのシトロン」に表現したのである。

以上、スペインの「三つのオレンジ」およびイタリアの「三つのシトロン」に登場するジプシーの魔女や黒人女性の奴隷は、物語の主人公の敵役として登場する。今日の人権思想から見れば論外だが、昔話というジャンルが、娯楽としての役割の他に、歴史的な資料、あるいは社会史的なテクストとして、その機能を果たしていることを右の敵役は証明している。「瓜子姫」の敵役であるアマノジャクが、一種の妖怪として、主人公を危機に陥れる恐怖の存在であるのに対して、西洋の敵役には階級や身分差を示す社会的な存在のニュアンスが強く感じ取られる。ちなみに、アールネ／トンプソンの『昔話のタイプ』は「敵」に adversary という用語を当てたが、[59] adversary は、「友人」では「ない」in +

amicusに由来するラテン語inimicusを語源とする「敵」enemyとは異なり、「反対の」を意味するラテン語adversusに由来し、名詞としては「（試合の）相手」の意にも用いられる。要するに、物語をスリリングに展開させる重要な構成要素に他ならない。ある意味、ゲーム的なキャラクターである。恐怖の対象というよりはトリックスター的な性格を帯びる柳田のアマノジャク観はむしろ、このadversaryに近いのではあるまいか。

3　本当の花嫁と偽の花嫁

「瓜子姫」と「三つのオレンジ」の物語を構成する最も大きな要素は、女主人公とその敵対者、換言すれば、本当の花嫁と偽の花嫁の対比である。先に引用したように（40）柳田は「桃太郎」には求婚のモティーフが省略されているが、それとは対照的に、「瓜子姫」は「婚姻を以て完成」すると語る。(60) 実際、「桃太郎」と「瓜子姫」は、前半こそ、川上から流れてきた果実（桃／瓜）からの誕生（異常誕生）という共通の展開を示しているものの、後半は、前者の男性的な英雄譚（鬼退治）に対して、後者は「器量がよく」「利口」で「機が上手」な娘に育った主人公が（少なくとも西日本型では）、あまのじゃくの妨害の後、長者の花嫁になる人生行路を描いている。物語のクライマックスは、柳田が指摘するように、「婚姻」である。

婚姻（結婚）という人生の一大イベントは、洋の東西を問わず、昔話の重要なモティーフとなっているが、[61]「瓜子姫」の場合、花嫁になるはずの彼女に替わって、アマノジャクが嫁入りの駕籠に乗る。しかし姫の泣き声あるいは鳥の鳴き声で正体がばれ、アマノジャクは最後に退治される。スペイン民話「三つのオレンジ」はどうだろうか。王妃になるべきオレンジの乙女に替わって、彼女を鳩に変身させたジプシーの魔女が、王様と結婚する。イタリア民話「三つのシトロン」も同様に、黒い奴隷女が、シトロンから生まれた妖精を鳩に変え、後者に替って王子と結婚する。しかし魔女も奴隷女も、最後には悪事が露見して罰せられ、乙女と妖精は本来の地位（花嫁）を回復する。

以上は典型的な「すり替えられた花嫁」die unterschobene Braut のモティーフである。世界中に広く分布するこのモティーフの背後には、様々な歴史や慣習が潜んでいるようだ。（『昔話百科事典』EM）[62]。最古の証拠は『旧約聖書』「創世記」第二十九章に見出される。伯父ラバンの許で七年間働いたヤコブが、約束通り、彼が愛する伯父の下の娘ラケルを花嫁として迎える結婚の初夜、ラバンは上の娘レアを替わりに差し向ける。騙されたヤコブが伯父に理由を訊ねると、後者は「我々の所では、妹を姉より先に嫁がせることはしないのだ」と答える。[63]最後の「（嫁がせることは）しない」は、ルター訳聖書では「慣習ではない」Es ist nicht Sitte と独訳されている。EMによると、この「慣習」は様々な民族の物語に見られると言われるが[64]、これとは別に、中世ヨーロッパには、「すり替えられた花嫁」の有名な伝説が伝播していた。「大きな足のベルタ」である。

ハンガリーの王女ベルタは非常に美しかったが大きな足をしていた。彼女がフランク王国の国王ピピン三世（小ピピン）に嫁いだとき、随行した乳母の策略で、初夜の寝室にその娘が替わりに入って、王妃の地位に就いてしまった。森に棄てられたベルタは森番の家族に匿われ、数年後、ベルタの母親がパリに旅したとき、王妃の足を見て、それが自分の娘でないことを発見した。乳母は死刑となり、娘は尼僧となった。その後、狩りの森で、ピピンはベルタと再会する[65]。十三世紀初期のフランスの年代記に最古のテクストが確認されるこの物語は、イタリア、スペインそしてドイツに広く伝承された[66]。恐らく、ヨーロッパにおける「すり替えられた花嫁」の原像となったと思われるが、グリム童話「森の中の三人の小人」Die drei Männlein im Walde（KHM一三）、「白い花嫁と黒い花嫁」Die weiße und die schwarze Braut（KHM一三五）、「がちょう番の娘」Die Gänsemagd（KHM八九）に、我々はその遥かな余韻を探ることが出来る[67]。

AT四〇八「三つのオレンジ」は、「すり替えられた花嫁」のモティーフによって、以上見るように、聖書や中世伝説といった伝承文学と深く結びついているが、もう一つ、別の解釈も存在する。最後にそれを紹介したい。

ドイツの口承文芸学者ルッツ・レーリヒLutz Röhrichは、様々な民族の結婚儀礼に、「すり替えられた花嫁」のモティーフが見られることを指摘する。[68] その種の儀礼において、花婿はすぐに花嫁とは結ばれない。花嫁と同じような衣装を着た、あるいは変装した乙女たち（「偽の花嫁」）の中から、彼は自分の花嫁を探し出さなければならない。この回り道には、レーリヒによると、「本当の花嫁」を悪霊の力による危険から守る意図があるようだ。昔話にしばしば見られる「すり替えられた花嫁」のモティーフの背景には、このように、「古代的な信仰観念」が残存しているのかも知れない。[69]

わが国の「瓜子姫」や西洋の「三つのオレンジ」タイプの民話では、アマノジャクやジプシーの魔女、黒い奴隷女といった敵役が大きな役割を演じる。主人公（瓜姫／オレンジの乙女）は、敵役の妨害のために、花婿（長者／王様、王子）とは、様々な困難を乗り越えてようやく、出会うことが出来る。「本当の花嫁」と「偽の花嫁」のモティーフには、以上のように、様々な伝承文学や通過儀礼が介在しているようだ。

結び

わが国の「瓜子姫」は、恐らくその原型である『嬉遊笑覧』が示すように、短い物語の中に、貴種流離譚、果実からの誕生、小さ子、機織り（巫女）、鳥言葉、由来譚といった昔話を構成する要件を多数含みながら、世界中に分布する「すり替えられた花嫁」のモティーフを展開する魅力的な民話である。

一方、スペイン版「三つのオレンジ」も、短い民話ながら、花嫁探し、呪的小道具（櫛／鏡）、果実からの乙女の誕生、魔法による変身（乙女から鳩／鳩から乙女）といった様々な要素の絡み合いの中で、やはり「すり替えられた花嫁」の物語を見事に繰り広げている。

東洋と西洋の昔話は、この共通のモティーフを核心部分にすることで、国際基準AT四〇八の世界を構築するのだが、中でも、主人公に対する敵対者、本当の花嫁に対する偽の花嫁の存在は、「瓜子姫」と「三つのオレンジ」いずれにおいても、きわめて重要な役割を演じている。敵対者として登場するアマノジャク（前者）やジプシーの魔女（黒い奴隷女）（後者）のイメージは、ある意味、主人公以上に印象的である。彼女たちの存在によって、物語は一層その深みと魅力を増すのである。

それにしても、西洋昔話の敵対者（ジプシーの魔女／黒い奴隷女）のイメージには、階級社会の相貌が色濃く刻印されている。それに比べて、日本昔話の敵対者（アマノジャク）には、何か得体の知れない怪物性が内在している。ある時は瓜姫を喰い、ある時は木に縛り付けて、花嫁の地位を我が物にしようとするアマノジャク。その存在は、特に東北地方の民話では、山姥、山母あるいは狼のイメージと重なる（佐々木喜善『聴耳草紙』）。

柳田国男はこのアマノジャクに、ある種、トリックスター的な性格を認めていたが、別の観点から見ると、この怪物の背後には、何か歴史的なものが隠されているのではあるまいか。例えば、「山姥奇聞」（『妖怪談義』所収）の中で柳田は、山姥のいわば〈原像〉として、1「大和民族渡来前の異俗人」（山人）、2「狼の首領」＝「老女」（山の神信仰）、3「山隠れする女」（狂女／産後の精神異状）を挙げる。[70] 東北民話のアマノジャクが山姥のイメージと融合することを考え併せると、右の三説は大いに興味深い。たんに怪物というだけではない、アマノジャクの歴史性と現実性が仄見えてくるからである。

名著『昔話と現実』（Märchen und Wirklichkeit, 1979 [74]）の中で、前述L・レーリヒは指摘する、「昔話（民話）はどれも現実と何らかのかたちで結び付いている」、と。[71] 彼は、実際、口承文芸学に民族学／民俗学的な視点を導入することによって、この分野に新境地を拓いたのだが、「三つのオレンジ」タイプを読み解く場合、右の見解は特に重要と思われる。果実の民間信仰（プロップ）、敵対者の存在（ジプシー／黒人奴隷）、結婚儀礼（花嫁探し）等々、すべては昔話と社会（現実）との繋がりを証明している。わが国のアマノジャクも、この視点で捉え直すと、物語の世界は一層その奥行きを深めるに違いない。

注

（1）Brüder Grimm, Kinder- und Hausmärchen, Ausgabe letzter Hand mit den Originalanmerkungen der Brüder Grimm, 3Bde., hrsg. von Heinz Rölleke, Philipp Reclam jun., Stuttgart, 1980.（Reclam）

（2）以下、『柳田国男全集』全三十二巻（ちくま文庫版）から引用し、必要に応じて『定本柳田国男集』（筑摩書房）（定本）および『決定版柳田国男全集』（同）（決定版）を参照した。

（3）Enzyklopädie des Märchens, hrsg. von Kurt Ranke, Walter de Gruyter, Berlin/New York, 1977ff.（EM）

（4）Reclam, Bd. 3.

（5）J. Bolte/G. Polívka, Anmerkungen zu den Kinder- und Hausmärchen der Brüder Grimm, DiederichsVerlag, Leipzig, Bd. 1, 1913/Bd. 2, 1915/Bd. 3, 1918/Bd. 4, 1930/Bd. 5, 1932.（B/P）, Handwörterbuch des deutschen Märchens, hrsg. von Lutz Mackensen, Walter de Gruyter, Berlin, Bd. 1, 1933/Bd. 2, 1940.

（6）Enzyklopädie des Märchens, Bd. 1（1977）.

（7）『桃太郎の誕生』「瓜子織姫」、『柳田国男全集』10所収、一九九〇年

（8）『柳田国男全集』25所収、一九九〇年、八六―八七頁

（9）初出は『旅と伝説』一九三〇年五月

（10）注（7）、一一七頁

(11)『日本昔話名彙』柳田国男監修／日本放送協会編、日本放送出版協会、一九七二年（一九四八年初版）、目次
(12)注(7)、一〇八、一一七―一一八頁
(13)同、一〇八頁
(14)アポロドーロス『ギリシア神話』高津春繁訳、岩波文庫、二〇〇九年、七九―八〇頁
(15)注(8)参照
(16)注(7)一〇五―一〇七頁
(17)『日本の昔話』上、稲田浩二編、ちくま学芸文庫、一九九九年、一五四―一六〇頁
(18)『日本の昔話』一、関敬吾編、岩波文庫、一九八九年、一〇―一四頁
(19)『聴耳草紙』佐々木喜善、ちくま学芸文庫、二〇一〇年、三三一―三四六頁
(20)『柳田国男全集』4、一九八九年、六六頁
(21)『柳田国男全集』8、一九九〇年、三二六頁
(22)同、六四九頁
(23)定本、第二十六巻、一九七七年、二八六―二八七頁
(24)『日本国語大辞典』第二版、第一巻、小学館、二〇〇六年、五四七頁
(25)『古事記』上巻、全訳注　次田真幸、講談社学術文庫、一九九八年、一四七―一四九頁。
(26)『日本書記』(上)、全現代語訳、宇治谷孟、講談社学術文庫、二〇〇〇年、五四―五五頁
(27)注(24)
(28)注(7)、一二三頁

(29) 同頁
(30) 『嬉遊笑覧』(四) 喜多村筠庭著、岩波文庫、二〇〇九年、二一一頁
(31) 注(7)、一〇九頁
(32) 同、一五六頁
(33) Hiroko Ikeda, A Type and Motif Index of Japanese Folk-Literature, Helsinki, 1971 (FFC209), p. 100–101.
(34) Antti Aarne/Stith Thompson, The Types of the Folktale, 2. edition, Helsinki, 1987 (FFC184). p. 135–137.
(35) エスピノーサ『スペイン民話集』三原幸久編訳、岩波文庫、一九八九年、一八六—一八九頁(要約)
(36) 注(25)、六〇—六七頁、黄泉国から逃げ帰るとき、イザナキノ命は蔓、櫛、最後に桃の実を障害物として投げる。
(37) バジーレ『ペンタメローネ』(下)、杉山洋子/三宅忠明訳、ちくま文庫、二〇〇五年、三四九—三六七頁(要約)
(38) 注(34)
(39) 注(11)
(40) 注(23)
(41) ウラジーミル・プロップ『魔法昔話の研究』、斎藤君子訳、講談社学術文庫、二〇〇九年、六五—七〇頁

(42) 同、六八頁
(43) 注(7)、一〇九頁
(44) 『御伽草子』(下)、市古貞次校注、岩波文庫、一九九九年、一四〇頁
(45) 注(17)
(46) 注(7)、一〇八―一〇九頁
(47) 注(38)、三五七頁
(48) Enzyklopädie des Märchens, Bd. 10 (2002), S. 350 (Die drei Orangen).
(49) 注(17)
(50) 注(18)
(51) 注(8)
(52) dtv Brockhaus Lexikon, 20Bde., Deutscher Taschenbuch Verlag, München, 1982, Bd. 20, S. 267–268 (Zigeuner).
(53) 阿部謹也『中世を旅する人びと』、平凡社、一九八一年、一五四―一七三(ジプシー)
(54) 注(52) S. 267.
(55) 同 S. 268.
(56) dtv Brockhaus Lexikon, Bd. 8, S. 99–100 (Hexe).
(57) 『異端審問』ギー・テスタス/ジャン・テスタス、安斉和雄訳、白水社、一九九〇年(第五章 スペインの異端審問)
(58) dtv Brockhaus Lexikon, Bd. 17, S. 50–51 (Sklaverei).

(59) 注(34) p. 19.
(60) 注(23)
(61) Enzyklopädie des Märchens, Bd. 2 (1979), S. 700–726 (Braut).
(62) 注(61) S. 717–719.
(63) Die Bibel, nach der Übersetzung Martin Luthers, Württembergische Bibelanstalt, Stuttgart, 1968, S. 44.
(64) 注(62)
(65) 拙稿「中世ヨーロッパの伝説」(1) カロリング朝(『成城文藝』第二一六号、二〇一一年九月所収)参照。
(66) Enzyklopädie des Märchens, Bd. 2 (1979), S. 155–162 (Berta).
(67) Brüder Grimm, Kinder-und Hausmärchen (KHM) (Reclam), Bd. 1, KHM13/Bd. 2, KHM89, 135.
(68) Lutz Röhrich, Märchen und Wirklichkeit, Franz Steiner Verlag, Wiesbaden, 1979, S. 112–113.
(69) 注(68)
(70) 『柳田国男全集』6、一二九—一三四頁
(71) 注(68) S. 3.

2

羽衣物語

七羽の鳩／天人女房

序

日本でも羽衣物語として広く親しまれている「天人女房」譚は、実は、世界中に類話が分布する昔話の一つである。[1] 日本昔話の国際基準を示した池田弘子は、この昔話タイプを四〇〇番「失われた天上の妻を捜し求める男……天人女房、羽衣」The Man on a Quest for his Lost Celestial Wife. Tennin Nyoobo; Hagoromo に分類した。[2] アールネ／トンプソン『昔話のタイプ』A. Aarne/S. Thompson: The Types of the Folktale[3] 四〇〇番を基にしたものである。後者のタイプ名には「天上の」Celestial がなく、そこに国際比較の難しさが示されているが、本稿では、その点にも触れながら、「天人女房」の世界性を、しばしば同一視される「白鳥処女」[4] との関連から考えてみたい。

ところで、柳田国男が強い関心を抱いた昔話の一つは「天人女房」譚である。彼は結局一本の論文にそれをまとめはしなかったものの、例えば、『海南小記』（一九二五年）以来、『桃太郎の誕生』（一九三三年）、『昔話と文学』（一九三八年）等、あるいは晩年の『年中行事覚書』（一九五五年）に至るまで、生涯にわたり天人女房あるいは白鳥処女に関してかなり徹底した考察を試みた。本稿では、柳田の「天人女房」＝「白鳥処女」論を随時参照しながら、彼が国内に留めた考察を、『昔話百科事典』等、今日の研究状況に鑑みて、[5] 国際的な視野で比較検討することにする。

1　AT四〇〇の分布

本論に入る前に、アールネ／トンプソンの『昔話のタイプ』によって、AT四〇〇が伝承されている地域を予め概観しておく。[6] 先ず顕著なのは、フィンランド、エストニア、リトアニア、ラップランド、ノルウェー、デンマーク、アイスランド等の極北を含む北欧である。次に、スコットランド、アイルランド、ドイツ、オーストリア等、またスペイン、イタリア、ギリシア、さらにハンガリー、スロベニア、ロシア等がヨーロッパの分布範囲のようで、非ヨーロッパ系では、トルコ、インド、インドネシア、中国等、最後にフランス系・イギリス系・スペイン系アメリカの名が挙げられている。全体的な傾向としては北欧が圧倒的に多く、他に、西欧、南欧および東欧、そしてアジアの国々と新大陸が伝承圏である。本稿では、北方としてアイスランド（『エッダ』）とエスキモー（ラップランド他）、西欧ではドイツ、アジアからは、中国の他、ATには欠如している日本（アイヌと沖縄を含む）の天人女房譚を取り上げる。

A　昔話二題（日本／ドイツ）

『日本昔話事典』によると、[7]「天人女房」は現在約百三十話が報告され、大きく三つのタイプに分類される。〈離別型〉、〈天上訪問型〉および〈七夕結合型〉である。隠された羽衣を発見して天女が飛び去る〈離別型〉は、東北から沖縄まで約三十話、男（夫）が蔓を伝って天女に再会する〈天上訪問型〉は、全国で約六十が採話されており、天上で再会した後、（瓜を割ったために）洪水で流される途中、天女が七日七日に会おうと言ったのを男が七月七日に聞き間違える〈七夕結合型〉は、主に西日本と南西諸島に約三十五話伝わっている。

『日本昔話名彙』[8]の中で、「天人女房」を「幸福なる婚姻」に分類した柳田国男は香川県の話（〈七夕結合型〉）を少し詳しく紹介した後、東北（青森、岩手、秋田、福島）、中部（新潟、長野、岐阜、愛知）、山陰・山陽（鳥取、島根、広島、山口）、四国（徳島、香川）、九州（熊本、長崎、鹿児島）のものを列挙し、最後に「参考」に沖縄、朝鮮等の例を追加している。彼の論考に関しては以下、随時触れることにし、先ず、稲田浩二編『日本の昔話』から一例覗いてみたい。

1 「天人女房」島根県

昔、炭焼きのおやじがいた。ある時、天から美しい姫が舞い降りて来て、羽衣を木の枝にかけ水浴びをした。炭焼きは出来心で羽衣を盗んで家に帰った。姫は煙が出ていた炭焼きの家に行き、羽衣のことを訊ねたが、おやじは知らないと言った。姫は困って炭焼きの嫁になった。三年後、男の子が生まれ、てっぱちという名をつけた。成長したてっぱちは羽衣を見つけ、母親にそれを見せた。帰って来た炭焼きに母親は、明日子供を連れて天に上がると告げ、あなたも天に来たかったら、門先にほうの木を植えて毎日酒を注げば七斗で木は天に届くから、それを登ってくるように言った。天人はてっぱちを抱え羽衣をかけて空に消えた。六斗酒を注いだ時、炭焼きはほうの木を登るが、天に届かず、てっぱちの名を呼ぶと、息子が天から布を下げて父親を引き上げた。天人は夫に舅［しゅうと］がどんな難題を出しても、引き受けるように忠告した。夫は次々出される難題を天人の援助で解決したが、瓜の草を取っていた時、天人に食べないように言われたにも拘わらず、喉の渇きのあまり食べてしまった。すると大水となり、天人と夫は川で隔てられ、天人が毎月七日に会おうねと言ったが、川の音で聞こえず、夫は七月七日に会おうと答えた。二人はそのため年に一度しか会うことが出来なくなった（要約）(9)。

水浴び（天女）、羽衣の隠匿（炭焼き）、子供（てっぱち）の誕生と羽衣の発見（同）、天への帰還（天女と子供）、蔓植物による天界行（夫＝炭焼き）、舅（天女の父）が出す難題、瓜を食べたことに由る大洪水（夫）、川辺での年に一度の再会（夫婦）、以上、右の物語は西日本に多い典型的な〈七夕結合型〉の天人女房譚である。

「序」で触れたアールネ／トンプソン『昔話のタイプ』は、AT四〇〇「失われた妻を捜し求める男」The Man on a Quest for his Lost Wife の構成要素として、（1）主人公／（2）魔法をかけられた王女／（3）故郷訪問／（4）妻の喪失／（5）探訪／（6）再会の六つを挙げる。[10] 池田弘子の『日本民間伝承のタイプとモティーフ索引』四〇〇番はそれに対して、「失われた天上の妻を捜し求める男」を掲げ、〈天上の〉Celestial を加える。[11]〈天上訪問型〉あるいは〈七夕結合型〉が多い日本に相応しい追加と言える。次に、ヨーロッパの例としてドイツの昔話を読んでみたい。

2 「七羽の鳩」（ドイツ）

昔、ある伯爵が狩りに出て森で迷い、ようやく宿屋を見つけ泊まった。翌朝、窓から外を見ると、裏の池で美しい娘が七人泳いでいた。女主人に訊くと、あれは七羽の鳩で毎朝来ると言う。娘を一人もらえないか伯爵が問うと、女主人は水浴び中に肌着を奪えばいい、と教えた。その翌朝、鳩たちが飛んで来て、娘の姿に変身し水浴びを始めた。伯爵は一番美しい娘の肌着を取って藪に隠れた。水から上がった鳩の中六羽は飛び去ったが、一番美しい娘は肌着を探して泣いた。そこに伯爵が現れ、彼女を馬に乗せ城に連れ帰り、二人は結婚した。数年後、伯爵が戦争に出征したとき、妻は伯爵の老母に長持が開かず悲しいと訴えた。伯爵はその中に例の肌着を隠していたのだ。妻は老母に哀願して鍵をもらい、長持を開け肌着を手に入れ山を超え消えた。

城に戻った伯爵は母から話を聴き、森の宿屋へ行った。女主人は言った、鳩（娘）たちはブロックスベルク（ブロッケン山）の母親（悪い魔女）の許で山羊となっている。飛び乗って山を駆け上がればいい、と。伯爵は頂上で山羊から降り、家から出て来た魔女に妻に会いたいと告げた。そして居間にいた妻を連れ帰ろうとすると、魔女は伯爵に樅の森を切り倒し薪にせよと命じた。妻の魔法でこの難題を片付けると、魔女は、牧草地を刈るように、次は、池に礼拝堂を建て岸から岸に橋をかけよと命じた。すべてをやり終えた夜、妻は母（魔女）が伯爵の命を狙っていることを明かし、二人は逃走した。朝、魔女は長女に百マイル靴で後を追わせるが、妻は夫（伯爵）を薔薇の藪に自分を薔薇の花に変身させて逃れた。次に魔女は次女に二百マイル靴で追跡させるが、妻は夫を礼拝堂に自分を神父に変身させてかわした。最後に魔女が三百マイル靴で追うが、二人は境界（国境）を越えていた。魔女は胡桃の実を娘に投げた。娘（妻）がそれを割ると中に黄金が詰まっていた。それは魔女から娘への遺産だった（要約）[12]。

右の「七羽の鳩」Die sieben Tauben は、ゴットフリート・ヘンセン編『民衆は物語る。ミュンスターラントの伝説、昔話および笑話』Gottfried Henßen, Volk erzählt. Münsterländische Sagen, Märchen und Schwänke, 1935 所収の昔話である[13]。ミュンスターラントはドイツ北部ヴェストファーレン北西の地方で、その都市ミュンスターMünster の歴史は古く、八世紀末にはカール大帝が基礎を築き、十二世紀前半に市となり、十四世紀にハンザ都市として繁栄した。宗教的には、カトリックの司教座がある[14]。グリム兄弟に「踊ってすり切れた靴」（KHM一三三）等の昔話を伝えたイェニー・ドロステ - ヒュルスホフは当地の古い貴族であった[15]。

さて、「七羽の鳩」の前半、伯爵は水浴びしていた美しい娘（＝鳩）を見初め、宿屋の女主人の助言通り、娘の肌着を奪うことで、娘を手に入れ結婚するが、留守中に妻は彼が隠していた肌着を発見し飛び去って行く。ここまではドイツ版の羽衣伝説である。ただし、鳥の種類は白鳥ではなく鳩となっている。後半、伯爵は行方不明の妻を捜す。ここからは

AT四〇〇「失われた妻を捜し求める男」の物語である。場面は、ドイツの昔話らしく、ブロックスベルク Blocksberg、別名、ブロッケン山 Blocken である。ヴァルプルギスの夜に魔女たちが集まり、悪魔と宴会を催すと言われる、ゲーテの『ファウスト』でも有名なハルツ山中の伝説の山である。[16] 七羽の鳩たちの母親は、実は、「悪い魔女」eine schlimme Hexe であった。娘たちは山羊の姿でこの山を駆け回る。頂上の家に着いた伯爵は、妻を見つけ連れ帰ろうとするが、魔女は難題を出す。この場面で想い出されるのは、島根県の「天人女房」である。そこでは、天界に上がった炭焼きに、天女の父親（舅）が粟畑の種まきや瓜の草取り等、法外な仕事を課す。夫は妻（天女）の援助でそれを片付ける。同様に、伯爵も魔法を心得る妻の手助けで難題を次々とやり遂げる。以上は、いわば〈天上訪問型〉である。

池田弘子編の日本昔話タイプ四〇〇番は、（1）主人公／（2）天女／（3）妻が天界に帰還する／（4）夫の天界行／（5）仕事／（6）瓜のタブーを物語の基本要素として掲げる。[17]「七羽の鳩」をこれに当てはめると、「主人公」（＝伯爵）／「天女」（＝娘＝鳩）／「妻が天界に帰還する」（＝娘のブロックスベルク帰還）／「夫の天界行」（＝伯爵のブロックスベルク行）／「仕事」（＝樅の森の薪づくり等）といった具合にほぼ一致する。但し、（6）瓜のタブーに関しては、「七羽の鳩」と「天人女房」は大きく異なっている。すなわち、前者、ドイツの昔話には七夕譚はない。同モティーフは、中国の影響下に、わが国で独自に発達したようだ。[18] 瓜を食べタブーを犯したために、「天人女房」の夫（炭焼き）と妻（天女）は大水で出来た川で引き離されてしまうが、この部分、「七羽の鳩」では、いわゆる〈呪的逃走〉magische Flucht のストーリーが展開される。しかも物語は、メルヘンらしく軽やかに、同時に心温まる決着を迎える。娘夫婦が「境界」（国境）die Grenze を越えたことが分かると、魔女（母）は娘に「胡桃」Walnuß を投げる。胡桃は「秘密の宝の隠し場所」のシンボルとして、民話や伝説で用いられるが（『世界シンボル事典』[19]）、伯爵に難題を課して苦しめた「悪い魔女」も、娘には「黄金」を胡桃に包んで「遺産」として手向ける。魔女の母親としての愛情が物語全体を締め括る。

B　羽衣伝説（古代）

天人女房譚、別名羽衣伝説はわが国では、静岡県三保の松原、滋賀県伊香郡余呉湖、鳥取県東伯郡羽衣石［うえし］が有名で、[20] 柳田国男も折りに触れそれらに言及しているが（『海南小記』、『昔話と文学』等）[21]、余呉湖に関する『近江国風土記』逸文は中でも最も古い記録の一つで、次のような内容である。

1 『近江国風土記』

伊香《いかご》の小江

古老が伝えるところでは、近江の国の伊香郡与胡《よご》の郷、伊香の小江に天の八女《やをとめ》が白鳥となって天から降り、江の南で水浴びをした。伊香刀美《いかとみ》という人が山から白鳥を見て奇異に感じ、神人《かみ》ではないかと思って行ってみると、神人であった。愛情がおこり、伊香刀美は白い犬をやって、一番若い娘の天の衣を盗ませ隠した。姉の七人は天上に飛び去ったが、衣を奪われた末娘は地上の人となった。伊香刀美は娘と夫婦となり、男二人女二人の子供が生まれた。彼らが伊香連《いかごのむらじ》の先祖である。後に、母親は羽衣を捜し、それを着て天に昇った。孤独な伊香刀美は嘆き悲しんだ（要約[22]）。

逸文の出典は古く、『帝王編年紀』（七一七—七二四年）「養老七年条」、すなわち七二四年である。右の話は天人女房譚の〈離別型〉で、かつ始祖伝説である。柳田はここに羽衣伝説の基本形を認め「近江式」あるいは「伊香刀美系」と名付けているが（『昔話と文学』「竹取翁」[23]）、この『風土記』より古い記録として、中国の六朝時代に成立した干宝『捜神記』（四世紀）を読んでみたい。三五四「鳥の女房」の物語は次の通りである。

2　「鳥の女房」（『捜神記』）

豫章郡新喩県（江西省）に住む男が田の中に六、七人の娘を見かけた。みな毛の衣を着ていて、鳥か人間か分からない。男が一人の娘の毛の衣を隠して近寄ると、鳥はみな飛び去った。逃げることが出来なかった娘を男は連れ帰って女房とし、三人の娘が生まれた。その後、女房は娘たちを通じて夫が毛の衣を稲束の下に隠したことを知り、それを見つけ身につけて飛び去った。しばらく後、母親は三人の娘を迎えに来て、みな一緒に飛び去った（要約）[24]。

『昔話百科事典』（ＥＭ）は右の物語を世界最古の「白鳥処女」として紹介する[25]。羽衣伝説のいわば祖型である。天女の水浴び、毛の衣の隠匿、結婚、子供の誕生、衣の発見、妻と子供の天界行、羽衣譚の基本的な要素はすべてここに出揃っている。タイプ的には〈離別型〉である。同じ〈離別型〉の沖縄の話を柳田国男は『海南小記』（「南の島の清水」）の中で紹介する。内容はこうである。

那覇近郊の農夫、銘苅子《めかるし》が田から帰る時、泉で手足を洗おうとすると、女の長い毛髪が一本浮いていた。折々泉近くで様子を窺っていると、ある時、神女が衣服を木の枝に掛けて髪を洗っていた。銘苅子は衣を隠し、神女を家に連れ帰り妻とした。一女二男が生まれ、女児が成長して弟の子守りをしていた時、彼女は母の「飛衣《とびぎぬ》」が倉の稲束の下に置いてあると歌った。母はこれを聴き、夫の留守に衣を捜し出し、天界に飛び去った。[26]

稲束の下に羽衣を隠す件は、前述『捜神記』と同じで、農耕儀礼を背景にした婚姻譚をそこに探る研究もあって興味深い。[27] 中国の天人女房譚と沖縄のそれが酷似していることもさることながら、ここで注目したいのは、以上見てきた「天人女房」(島根県)、「七羽の鳩」(ドイツ)、『近江国風土記』そして『捜神記』(中国)、いずれにおいても男が偶然目撃した娘(神女)たちの「衣」が鳥の羽であることだ。『風土記』はそれを「白鳥」と名指している。いわゆる「白鳥処女」の羽である。天上と地上、神と人間を媒介する存在としての鳥。大空を飛び回る鳥類が、天と地を結ぶ役目を担うのは、ある意味、ごく自然で人類に共通の想念かも知れない。[28] ただ、羽衣伝説における鳥と人間の結婚、換言すれば、異類婚姻は破局に終わるのが原則のようである。[29] 事実、『捜神記』や『風土記』といった古い記録は〈離別型〉を示している。人間心理の視点から見ても、伝説の中で策略(羽衣の隠匿)を用いて処女を己の妻にする男は〈離別型〉を予想させる。なぜなら、女の立場からすれば、子供の誕生等、その後の生活がどうであれ、意識のどこかにそういう男(夫)に恨みが残るのは必定で、破局は避け難いからだ。

さて、アールネ/トンプソン『昔話のタイプ』AT四〇〇は題名「失われた妻を捜し求める男」の後に、括弧つきで「導入としてしばしば白鳥処女」と記す。[30]「白鳥乙女」Swan Maiden は、ちなみに、『昔話百科事典』の「白鳥処女」Schwanjungfrau の項目でも、AT四〇〇の代表例とされる。[31] そして、この白鳥処女のヨーロッパ最古の記録として、同事典は古代北欧歌謡集『エッダ』Edda の中の「ヴェルンドの歌」Volundarkviða を挙げる。[32]（図４）歌の内容は次のようである。

3「ヴェルンドの歌」（『エッダ』）

スヴィジオーズ［スウェーデン］にニーズズという王がいた。二人の息子と一人の娘があった。またフィン王にスラグヴィズ、エギル、ヴェルンド［ドイツ名ヴィーラント］という名の三人の息子がいた。彼らが狩りをしていると、池の辺で三人の女が亜麻を織っていた。傍らには白鳥の羽衣が置いてあった。彼女たちはヴァルキューレであった。その中の二人はフレズヴェール［フランク王クロードヴィヒ］の娘スヴァンフヴィートとアルヴィトで、もう一人はヴァルランド［フランス］の皇帝の娘エルルーン［ドイツ名アラウン］であった。兄弟たちは彼女らを家に連れ帰った。エギルはエルルーン、スラグヴィズはスヴァンフヴィート、ヴェルンドはアルヴィトを妻にした。彼らは七年間暮らしたが、その後、妻たちは戦場へ飛び去った。エギルとスラグヴィズは妻を捜し

図4　白鳥の船（ヴァルハラに死者を運ぶ）、ヴェステルイェートラント、スウェーデン

に行ったが、ヴェルンドは鍛冶をしながら妻の帰りを待った（要約）[33]。

その後、鍛冶の名人ヴェルンドはニーズズ王に捕えられ島に幽閉されるが、島に来た王の二人の息子を殺し娘を孕ませ、王に復讐する。そして王の家来に奪われた水掻きを取り戻し空中に飛び上がって島を去る[34]。

前半は羽衣伝説、後半は復讐譚である。池の辺の牧歌的な風景、島での陰惨な復讐、その明暗が対照的な物語である。注目すべきは、「ヴェルンドの歌」の乙女たちがヴァルキューレであることだ。古ノルド語で「（死者を）選ぶ者」val-kyrjaを意味する「ヴァルキューレ」Walküreは、主神オーディンに仕える武装した乙女たちで、戦場で倒れた勇士を天上のヴァルハラ宮殿に導いて行く。言ってみれば、異界の使者であり、人間の運命を決める（織る）者たちである[35]。ヤーコプ・グリム Jacob Grimm は『ドイツ神話学』Deutsche Mythologie（一八三五年）の中で、ヴァルキューレに関して、彼女たちの「飛ぶ」能力と「泳ぐ」能力（白鳥）、そして「予言する」＝「亜麻を織る」（運命の糸を紡ぐ）役割に特に注目し、「白鳥処女」伝説が当時も民間に語られていたことを記している[36]。「ヴェルンドの歌」はまさしく古代北欧の羽衣物語に他ならない。

ところで、『エッダ』には作者不詳の「歌謡エッダ」（＝古エッダ）とスノリ・ストゥルルソン Snorri Sturluson（一一七九―一二四一年）作「散文エッダ」（新エッダ）があるが、「ヴェルンドの歌」は「歌謡エッダ」の中の〈英雄の歌〉に分類される。[37]「歌謡エッダ」の多くは九世紀から十二世紀の間に成立したと推定されているが、「ヴェルンドの歌」はゲルマン民族大移動の時代（三七五年以降）に由来する最初期の作品（五世紀頃?）と言われる。[38]想えば、ユーラシア大陸の東端（中国）に成立した物語集『捜神記』と、同大陸の遥かな西端からさらに海を渡ったアイスランドに伝承される歌謡集『エッダ』に、類似の羽衣伝説が残存しているのは驚嘆に値する。

以上、中国の『捜神記』、わが国の『風土記』、そして北欧の『エッダ』いずれにも、我々は「白鳥処女」のいわば原風景を見ることが出来る。前述『昔話百科事典』の記述によると、「白鳥処女」は、以上の他、ブリヤート人（バイカル湖周辺のモンゴル族）、カザフ人、満州人、アイヌ人、そしてエスキモーにも伝承されていると言う。[39]ユーラシア大陸の北方ばかりではなく、極北のエスキモー、また大陸と日本の結節点に位置するアイヌ人、これらいわゆる自然民族の間にも、白鳥あるいは羽衣伝説は伝承されているのである。

C　自然民族（エスキモー／アイヌ）

エスキモーEskimoは、インディアンの言葉で「生肉を食べる人」の意で、自らは「人間」を意味する「イヌイット」Inuitを称するモンゴル系の人種である。アラスカからグリーンランドに至る北アメリカおよび北東シベリアの極北地帯に住み、狩猟と漁労で生活し、以前は数家族の小さな単位で暮らしていたが、今日ではかなり大きな集落に、シベリアでは千五百人、アラスカは三万人、カナダに二万五千人、そしてグリーンランドでは四万一千人居住している。宗教的にはシャーマニズムを特色とする。[40]

一方、元々「人間」を意味するアイヌAinuは、北海道とサハリン（樺太）に約一万七千人居住する民族で、以前は千島列島や東北地方にも暮らしていた。コタンと呼ばれる集落で、狩猟と漁労および採集で生活を営んでいたが、幕藩体制下の支配・搾取と明治政府の同化政策によって、伝統文化は破壊され人口も激減した。[41]彼らは豊かな口承文芸を有し、詞曲に「神謡」（カムイユーカラ）、聖伝（オイナ）、英雄叙事詩（ユーカラ）、散文物語に「神の物語」（カムイウェペケレ）、「人間の物語」（アイヌウェペケレ）がある。以上は一人称で語られ、他に三人称で語られる昔話もある。[42]以下、エスキモーとアイヌ、それぞれ一例ずつ昔話を読んでみたい。

1　「人間の妻になった鴨」（エスキモー）（『世界の民話』）

昔、一人の男と妻と息子がいた。妻は若者となった息子に嫁を捜すように言ったが、息子にはその気がなかった。ある日、彼はカヤックに乗って鴨など猟獣を捜しに行った。あざらしの肉を食べながら、何日も川を遡った。ある午後、陸に上がると、かくれんぼをしている裸の娘たちがいた。忍び寄って様子を見たとき、若者は一人の美しい娘に心惹かれた。茂みに隠れて、彼は娘を捉まえた。翌朝、若者は娘をカヤックに乗せ家を目指した。母は心配して息子を待っていたが、カヤックの娘を見て、母は嫁が来たことを喜んだ。息子の妻は肉を好まず、草を摘んで食べた。日々が過ぎ、若者が猟に出かけると、妻は家で手袋や長靴等を整えた。しばらくして、妻は息子と娘を生んだが、草しか食べなかった。ある日、老母が嫁に「あなたは鴨なの？」と問うと、妻は怒って子供を連れて出て行った。

晩、家に帰った夫は老母から妻と子供たちが家を出たことを聞いた。若者は母親に腹を立て、妻を捜しに出発した。そして妻の足跡を見つけ後を追った。足跡には鴨のような水掻きがついていた。ある晩、一軒の家を見つけ近づくと、一人の男がいた。若者が妻は何処かと訊ねると、知らないと答えた。若者が斧を贈ると言うと、奥さんは昨夜ここにいたが今朝出発したと男が教えた。若者は別の家に着き、家の男にあざらし皮のズボンを約束すると、奥さんは子供を二人連れて今朝出掛けたと言った。三軒目の家で、若者は毛皮のマントを贈って、家の男から奥さんは湖の方へ行ったと知らされた。湖を渡ることが出来ず、彼が眠っていると、赤狐が来た。狐が頭巾を取ると人間だった。狐は、立ち止まらずに向こうの山を登ればそこから奥さんが住んでいる大きな家が見える、息子も娘も成長していると教え、若者を背中に乗せ走った。山の麓で若者は狐に別れを告げ頂上を目指した。到着すると眼下に例の大きな家が見え、家から二人の男が出て来た。若者は茂みに隠れ、柳の枝で男たちを打ち殺し穴に埋め家へ向かった。少年が出て来て、お父さんが来たと母に告げたが、母は信じなかった。お父さんは遠く、お父さんのお母さんが嫌な人だから私たちはここに来たと母は言った。夫が家に入ると、別の男がいた。この女は私の妻だと告げると、男は姿を消した。妻は言った、ここは遠く、エスキモーが来られるわけがない、ここは私の国、鴨の国だと。夫が立ち止まらずに懸命に山を登ったことを話すと、妻はようやく信用した。

舅（妻の父）は言った、ここにはトナカイ、あざらし、鯨、鴨、柳、風があるが、余所の人間が攻めて来るから用心しなければならない、と。若者は妻の一族の許に留まり、攻め寄せて来たエスキモー鴨の大群を杖で撃退した。しかし、妻が二人目の息子を生むと、息子と娘を残し、妻と赤子を連れて故郷を目指し出発した（要約）(43)。

右の昔話の語り手はアラスカ・ノメ出身の人物である(44)。短篇小説のようなこの物語は三部から構成される。第一部は、猟に出た若者が偶然、川辺で仲間と遊んでいた美しい娘を見初め、彼女を捉まえ妻とする。妻が肉を好まず草を食べたことで、彼女が鴨の変身した姿であることが暗示されている。日々が過ぎ、妻は息子と娘を生むが、夫の老母が「あなたは鴨なの?」と問うたために、妻は家を出て行く。ここまで、まさしくエスキモー版の天人女房譚である。ただ、美しい娘は白鳥ではなく鴨となっている。

第二部はAT四〇〇「失われた妻を捜し求める男」の話である。若者(夫)は妻の足跡を追い、三軒の家で贈り物と引き換えに男たちから消息を聞き、湖畔の赤狐に妻の居場所を知らされ、山の麓まで運んでもらう。艱難辛苦の挙句、彼は山を登り頂上から妻がいる家を発見し、妻子と再会する。以上は一種の〈天上訪問型〉物語である。世界は、人間界と異界=動物界(鴨の国)に分かれている。

第三部は異界での若者の生活を描く。エスキモー鴨の大群を撃退する場面は、島根県の「天人女房」やドイツの「七羽の鳩」にも見られる難題解決の部分に相当する。日本の〈七夕結合型〉では、ようやく再会した夫と妻は大水の川で隔てられて年に一度しか会えなくなるが、エスキモー民話「人間の妻になった鴨」では、夫と妻は、再会後、妻の実家

（異界＝動物界）に息子と娘を残し、赤子を連れて夫の故郷（人間界）に帰還する。人間の国と動物の国の間に境界（距離）がありながら、子供を媒介に、二つの国の居住者は別個に幸せに暮らしてゆくことになる。独特な天人女房あるいは白鳥（鴨）処女譚である。

2 「ルルパの少年」（『アイヌの昔話』）

ある村に私（ルルパの少年）は暮らしていた。近くの一本の巨大なヤチダモの木の上には雄と雌のおじろ鷲が棲んでいた。私が食べたくなると美味しい物が、喉が渇くと水があった。おじろ鷲が食べ物を運んでくれたのだ。二年も三年もそれが続き、私はおじろ鷲の夫婦の話を聞き分けられるようになった。ある日雄のおじろ鷲が二、三日どこかへ飛んでいき、帰ると雌に、遥か彼方の島に行った様子を語った。そこでは天上の神々が遊び戯れる広場がある。巨大なヤチダモの木に泊まって見ていると、夜中、神々が降臨し、島の岬に行って歌をうたい、英雄の物語を演じていた、と。

私はその話を聞いて、夜中、育ての親（＝鷲）が寝ている間にその広場を目指した。浜辺へ行き小舟に乗り沖に出て、翌日の暮れ方まで舟を漕いだ。島影が見え上陸した。私は巨大なヤチダモの木の繁る葉の下に舟を隠し様子を窺った。すると空の彼方から神々が現れ、降下し戯れ始めた。彼らは岬に行き、古い物語、英雄や神々の物語を演じた。そして夜明け前、休息した。すると、神々の中の幼い少女が神の衣を脱いで、岩間に隠した。私はその羽衣を引き寄せ身にまとった。神々が天界へ上り始めたとき、少女は羽衣が見つからず戸惑った。私は少女を抱きかかえ、隠した舟に乗せ村を目指し漕いだ。そして真夜中に家に戻った。

夜明けに、育ての親の雄のおじろ鷲が妻に話すのが聞こえた。我らが育てたルルパの少年は成長し妻を娶った。これで安心、我らは自分たちの村へ帰ろう。こう話すと、育ての親はヤチダモの木の上から私にこう告げた。少年よ、お前や両親や祖先がかつて住んだルルプンコタン（ルルパの村）には多くの人が平和に暮らしていた。しかしある時、性悪の神に荒廃させられ、幼いお前が一人残された。多忙な神々は我ら鷲夫婦にお前の世話を任せた。私の名は「鷲鳥の王」、お前は無事成長し、妻も神々に与えられた。お前はルルパで暮らし木幣を作って我らに祈り、大地を統率する火の神に木幣を捧げるよ。

木幣作りはこうして私によって再開された。私は感謝し、歌、英雄の物語、故事来歴談、神々の物語、そして昔話を後世に伝え始めた（要約）(45)。

右は、サハリン（旧樺太大泊郡）の野村兵蔵が語った昔話である(46)。アイヌ独特の一人称形式で語られるこの物語では、おじろ鷲に育てられたルルパの少年が、成長し妻（少女の神）を娶り、鷲から村の由来譚と口承文芸、そして神々への感謝を教えられ、以後それを伝承してきた経緯がイメージ豊かに語られ、少年が少女の神に出会う場面に羽衣伝説が垣間見える。神々は、夜中、遥かな島の広場に降臨し、歌や物語を演じて戯れるのだが、天空から大地に下り、また天に上昇する時、羽衣を用いる。ルルパの少年は少女神の羽衣を奪うことで彼女を妻にする。少年が住む家の側と神々が降臨する島にはヤチダモ（谷地だも）の木が立つ。谷地だもはモクセイ科の落葉高木で、わが国では北海道と中部地方以北に生え、大形の葉をつけ、材は器具に用いられる(47)。人間と鳥にとってきわめて有用な植物である。少年を育てたおじろ鷲は、最後に、木幣を作って神々に捧げるように命じる。イナウ（イナオ）と呼ばれるアイヌの木幣は、人間と神々を結ぶ神事用具で、主にヤナギで制作され感謝の贈り物として神々に奉納される(48)。ルルパの少年の育ての親、おじろ鷲に関しては、次章で詳しく触れることにする。羽衣伝説「ルルパの少年」は、以上のように、アイヌの民俗を知る上にも貴重な情報を数々提供してくれる。

D　天女／羽衣／鳥

以上、昔話（日本／ドイツ）と古代の羽衣伝説（風土記／捜神記／エッダ）そして自然民族（エスキモー／アイヌ）の天人女房（白鳥処女）の物語を読んだが、それらに共通した要素を我々は認めることができる。先ず、主人公すなわち天女その人である。

「天人女房」（島根県）の中で、炭焼きと結婚した「お姫さん」は、夫が自在鉤の中に隠してあった「羽衣」を息子のてっぱちが発見すると、自分は「天の人間」であることを息子に明かし、夫に「これでお暇をもらって、明日は天へ上がろうかと思う」と告げる。またドイツ昔話「七羽の鳩」では、伯爵と結婚した「美しい娘」は、夫が長持に隠してあった「肌着」を見つけると、山を越え消えてしまう。

古代の伝承『近江国風土記』逸文（八世紀）の中で、「天の八女」は伊香刀美（夫）が隠した羽衣を探しだすと、それを着て天に昇ってしまう。最古の羽衣物語である中国の『捜神記』（四世紀）でも、男の女房となった「娘」は、稲束の下に隠されていた毛の衣を見つけると、それを身につけて飛び去り、後に三人の娘を迎えに来て一緒に飛び去って行く。北欧歌謡『エッダ』「ヴェルンドの歌」（五世紀頃）では、ヴァルキューレである「王女」たちが七年間それぞれの夫と暮らした後、（白鳥の）羽で戦場へ飛び去る。

自然民族の話でも状況は似ている。「人間の妻になった鴨」（エスキモー）の民話では、若者の妻となった「娘」は、姑に「あなたは鴨なの？」と訊かれ、子供たちを連れ出て行く。唯一の例外は、「ルルパの少年」（アイヌ）における「神々の中の少女」で、彼女は隠された「羽衣」を探すこともなく、少年の妻となり一族の祖となる。

要するに、「天人女房」（白鳥処女）タイプの物語では、天に由来する女性は、地上の生活で子供が生まれても、結局は「羽衣」を着て故郷である天上へ還って行くのである。わが国の天人女房譚の多くの類話を研究した柳田国男は、「天と地との交通ということは、当初の羽衣説話の主要なる目標であった」（『年中行事覚書』[49]）としながら、『因伯昔話』に採録された「羽《う》衣《え》石《し》山《やま》」の口碑を紹介し、農夫の妻となった天人が、舞の羽衣を着ると、「たちまち人界の心を失って、天へ還って行く気になった」点に注目する（『昔話と文学』／『年中行事覚書』[50]）。天界と人間界の間には超え難い何かがあって、羽衣を着た天人は否応なくそれを想い出し故郷である天空に向かって飛翔して行く。

次に、天女（白鳥処女）が天上と地上を往来する際に用いるのが鳥の羽である。「天人女房」（島根県）では「羽衣」の鳥の種類は不明だが、「七羽の鳩」（ドイツ）は題名にすでに種類を明示し、『近江国風土記』では「天の八女がともに白鳥となって天から降り」江の南で水浴したと語る。[51]『捜神記』の「鳥の女房」の鳥は種類が分からないが、『エッダ』は、池の辺で亜麻を織る乙女たちの傍に「白鳥の羽衣」が置いてあったと伝える[52]。自然民族の伝承では、エスキモーのものが明確に鳥の種類を「鴨」と語っているが、アイヌの物語では「神の羽衣」の種類は示されていない。しかし、ルルパの少年を育ててくれたのは「鷲鳥の王」おじろ鷲である。

以上、白鳥、鳩、鴨、鷲といった種類が、羽衣伝説を担う鳥のようであるが、各鳥に纏わる伝承と特色を素描すると、先ず、白鳥は「高貴な純潔の化身」として、古代ギリシアではアポロンの聖鳥であり、神から予言能力を授けられたとされる。ちなみに、アポロンは北方に住むヒュペルボレオイ人が特に崇拝した神である。またゲルマン人の許では、処女は予言能力のある白鳥処女に変身できると信じられており（『図説世界シンボル事典』[53]）、『エッダ』にそれは明瞭に示されている。

一方、鷲は「鳥類の王」として、至高の権力や卓越した能力の象徴とされ、古代ギリシアでは、人間には近づき得ない天の領域でも自在に飛翔できると伝えられていた。古代中国でも、鷲は力と強さのシンボルで、英雄の気性を表す鳥であった（同[54]）。アイヌ昔話の「おじろ（尾白）鷲」は大形で、翼を開くと二メートルを超し、ユーラシア中・北部やグリーンランドに分布し、日本には冬鳥として飛来して北海道東部で繁殖する天然記念物となっている。「ルルパの少年」はこの尾白鷲に育てられ、アイヌの立派な先祖となる。

鳩と鴨が羽衣伝説に登場するのは少し意外だが、前者、鳩はギリシアの伝承によれば、ドドナの樫の木にとまって神託所を開くよう促したとされ、その聖林で予言を行う巫女はペレイアイ peleiai（鳩たち）と呼ばれた。[55] またゲルマン神話では、鳩は「魂の鳥」としても知られる（J・グリム『ドイツ神話学』）。[56] 他方、鴨は人間に身近な水鳥だが、野生の鴨は早くから狩りの対象となっており、[57] エスキモーの昔話でも、若者は狩猟で鴨を捜しに出かけている。

さて、『昔話百科事典』の「白鳥処女」の項に注目すべき記述がある。すなわち、狭義の白鳥処女伝説が分布している地域は、北部ユーラシアのシャーマニズム地域と一致し、後者との密接な関わりを推察させる、と。[58] 白鳥の姿で水浴する乙女、白鳥の羽で天上の神々の許へ飛んで行く乙女は、鳥の衣裳を着たシャーマンを想起させるのである。

同事典は、白鳥処女が伝承されている地域として、シベリア、カザフ、満州、モンゴル、アイヌ等の東アジアの他、北欧とエスキモー等を挙げる。[59] ルーマニア出身の宗教学者ミルチア・エリアーデ Mircea Eliade（一九〇七―八六年）は、興味深いことに、名著『シャーマニズム』[60] の中でこう語っている。すなわち、シャーマンの衣裳の中でも、鳥の衣裳は、アルタイ、シベリア民族、満州族そしてモンゴル人等に見られるが、それは「他界への飛翔に欠くべからざるものである」。[61] シベリアの極北地方には「水鳥の像」（白鳥等）

がシャーマンの衣裳に付けられ、エスキモーの間では鷲はシャーマンの手足になって奉仕すると信じられている。[62] また古代ゲルマン人の神話のテーマの起源は「北アジアおよび中央アジアにある」、と。[63]

シャーマニズムは特に北ユーラシアの狩猟民族に広く分布するが、ゲルマン人においてもその痕跡は認められる。例えば、主神オーディンは、ルーネ文字の秘密を知るために、風の吹く樹木に九日間吊り下がったと伝えられる（『エッダ』「オーディンの箴言」）。[64] 彼の聖鳥は「思考」を意味するフギンと「記憶」の意のムニンの二羽の鴉で、オーディンに仕えるヴァルキューレたちは白鳥の化身でもあった。

国際連盟の仕事でジュネーヴに赴く直前、柳田国男は沖縄・奄美を旅し、その後も生涯にわたって南島に強く魅せられていたが、ジュネーヴから帰国後、一九二五（大正一四）年に刊行された『海南小記』の中で彼は白鳥処女の伝説に関して、「神が人間界に配偶を求めたもうこと、鳥の形をしてこの世と往来したもうことは、いたって弘くかつ久しい伝承」であり、「沖縄の島では泉の神の信仰が、明白に物語の一要素をなしていた」と述べたあと、天女に縁《ゆかり》の井（霊泉）に斎宮女王である聞得大君《きこえおおきみ》が親しく拝したことに注目する。[65] 沖縄では、巫女の頂点である聞得大君が天女を崇敬していたのである。羽衣伝説と巫女の関わりについて、柳田はさらに晩年の著書『年中行事覚書』（一九五五〔昭和三十〕年刊）

でも、「羽衣天女の後胤は、必ず女系を主とする巫女《ふじょ》の家であった」と指摘する。(66)

アイヌの昔話「ルルパの少年」の中で、神々の少女は少年と結婚したあと離別せず、一族の祖となるが、沖縄の伝承においても、羽衣伝説は「あるすぐれて旧い家の血筋と、結び付けようとした試み」であり、「天人に男女の児が生まれたという形も、元はこの動機から強調せられたように思われる」、と柳田国男は推測する。(67)〈離別型〉でも〈天上訪問型〉でも〈七夕結合型〉でもない今一つのタイプが天人女房（白鳥処女）譚に存在するわけである。沖縄ではそれが巫女（シャーマン）の家系の由来談になっている。まさしくシャーマニズムと天人女房（白鳥処女）譚との並々ならぬ因縁を窺わせる。

結び

天人女房／白鳥処女の物語は、以上見てきたように、空間軸に即して、ユーラシア大陸の東端沖（日本）から西端沖（アイスランド）まで東西に、またわが国では南西諸島（沖縄）からサハリン（旧樺太）まで南北に、実に広く伝承されていることが明らかとなった。時間軸に即して言うと、中国の『捜神記』（四世紀）からアイスランドの『エッダ』「ヴェルンドの歌」（五世紀頃）に至るまで、驚くべきことに、時間差は殆どない。

ヴィルヘルム・グリム Wilhelm Grimm は一八〇八年に発表した論文「古代ドイツ文学の成立とその北欧文学との関係について」Über die Entstehung der altdeutschen Poesie und ihr Verhältnis zu der nordischen の中で、竜（ドラゴン）伝説に関して、アジアを発祥の地としたこの伝説が、ロシア、プロイセン、バルト海沿岸に達した後、ユトランド半島を通って北欧にまで伝播していったという仮説は「あり得ないことではない」と語る。[68] この仮説は、殆どそのまま白鳥処女（天人女房）の伝説にも妥当するのかも知れない。

今回は触れなかったが、インド（『カター・サリット・サーガラ』）やインドネシアの民話にも天人女房譚は伝承されているのだが、[69] 本稿で見たアイスランド、エスキモー、アイヌ等、北方の諸民族の間に、その物語は印象的な例を多く残している。白鳥処女譚はシャーマニズムの文化圏と不思議に一致し、柳田国男も白鳥乙女と巫女の関係を考察した研究を発表している。AT四〇〇に分類される天人女房の伝説は、以上のように、口承文芸学の分野ばかりではなく、文化人類学や宗教学、また民族学や民俗学的にも魅力的なテーマを提供してくれる。また天人女房譚は、狭義の昔話研究に限っても、柳田が指摘したように、『竹取物語』、絵姿女房、瓜子姫等と深く関連していて興味は尽きない。

シャーマニズムもさることながら、一般に、大空を飛翔する鳥は人々を天上のロマンへと誘う。とりわけ、白鳥のような渡り鳥は、その飛翔力と空間移動の雄大さによって、数多の伝説を生んできたようだ。天人女房の物語の原点はそうしたところに存在するのかも知れない。それにしても、天界と地上の人間との出会いは、〈離別型〉の寂しさで終わろうと、〈天上訪問型〉の幸運談であろうと、〈七夕結合型〉の年一度の再会であろうと、どこか出会いそのものの儚さを内に秘めているように思われる。柳田はそれを「縹渺として霞の空に消え去ったなつかしさ(70)」と語った。言い得て妙である。

注

(1)『日本昔話事典』稲田浩二・大島建彦・川端豊彦・福田晃・三原幸久編、弘文堂、一九九九年、六二一―六二二頁「天人女房」

(2) Hiroko IKEDA, A Type and Motif Index of Japanese Folk-Literature, Helsinki, 1971.

(3) Antti Aarne and Stith Thompson, The Types of the Folktale, Helsinki, 1987 (1961, Second Revision). (AT)

(4) Enzyklopädie des Märchens. Handwörterbuch zur historischen und vergleichenden Erzählforschung, Begründet von Kurt Ranke, Walter de Gruyter, Berlin/New York, Bd. 12, 2007, S. 311-318 (Schwanjungfrau). (EM)

(5) 注(4)EM他

(6) 注(3)AT p. 130-131.

（7）注（1）参照

（8）『日本昔話名彙』柳田国男監修、日本放送協会編、日本放送出版協会、一九七二年、二五—二七頁

（9）『日本の昔話』上、稲田浩二編、ちくま学芸文庫、一九九九年、二六〇—二六七頁

（10）注（3）AT、p. 128–129.

（11）注（2）p. 96–97.

（12）Deutsche Volksmärchen, Neue Folge, hrsg. von Elfriede Moser-Rath, Eugen Diederichs Verlag, München, 1990 (66), S. 102–106. 邦訳『世界の民話』一「ドイツ・スイス」小澤俊夫訳、ぎょうせい、一九八八年、二六—三二頁

（13）注（12）S. 316/320.

（14）dtv-Brockhaus Lexikon, Deutscher Taschenbuch Verlag, München, 1982, Bd. 12, S. 245 (Münster).

（15）詳しくは、拙稿「グリム童話における語りの風土」（『成城大学民俗学研究所紀要』第二十九集、二〇〇五年、八六—八八頁参照

（16）Wörterbuch der deutschen Volkskunde, 3. Aufl. neu bearbeitet von Richard Beitl, Alfred Kröner Verlag, Stuttgart, 1974, S. 110 (Brocken).

（17）注（2）p. 96–97.

（18）注（1）参照

（19）『図説世界シンボル事典』ハンス・ビーダーマン著／藤代幸一監修、藤代・宮本・伊藤・宮

内訳、八坂書房、二〇〇〇年、一四七頁「クルミ」
(20)『昔話・伝説必携』（「別冊國文学」No.四一）野村純一編、学燈社、一九九一年、三五頁、「天人女房」
(21)『海南小記』（一九二五年）（『柳田国男全集』（ちくま文庫版）1、一九八九年所収）、『昔話と文学』（一九三八年）（同、8、一九九〇年所収）等
(22)『風土記』吉野裕訳、平凡社ライブラリー、二〇〇〇年、三五九―三六〇頁「東山道／近江国」
(23)注(21)『昔話と文学』二二五頁
(24)『捜神記』干宝、竹田晃訳、平凡社ライブラリー、二〇〇〇年、四二七頁「三五四　鳥の女房」
(25)注(4)EM, Bd. 12, S. 311.
(26)注(21)『海南小記』四二六―四二七頁
(27)注(1)参照
(28)注(19)二九一―二九二頁「鳥」
(29)注(1)参照
(30)注(3)AT400, Swan Maiden, p. 128.
(31)注(4)EM, Bd. 12, S. 311–318.
(32)Heldenlieder der Älteren Edda. Übersetzt, kommentiert und herausgegeben von Arnulf Krause, Philipp Reclam jun., Stuttgart, S. 7–20. Das Wölundlied. 邦訳『エッダ―古代北欧歌

謡集』谷口幸男訳、新潮社、昭和四八年、九三―九八頁「ヴェルンドの歌」

(33) 注(32) S. 9–12.

(34) a. a. O., S. 13–20.

(35) Rudolf Simek, Lexikon der germanischen Mythologie, Alfred Kröner Verlag, Stuttgart, 1984, S. 456–58 (Walküren).

(36) Jacob Grimm, Deutsche Mythologie, Olms-Weidmann, Hildesheim/Zürich/New York, 2003, Bd. 1, S. 354.

(37) 注(32)

(38) Heldenlieder der Älteren Edda. Auswahl. Übertragen, eingeleitet und erläutert von Felix Grenzmer, Philipp Reclam jun., Stuttgart, 1993, S. S. 3 (Einleitung).

(39) 注(4) EM, Bd. 12, S311–313.

(40) 注(14) dtv-Brockhaus, Bd. 5, S142–143. (Eskimo). 注(4) EM, Bd. 4, S. 457–465 (Eskimos).

(41) 注(14) dtv-Brockhaus, Bd. 1, S. 83 (Ainu). 他

(42) 萱野茂『アイヌの昔話』平凡社ライブラリー、二〇〇四年、「解説」千本英史

(43) 『世界の民話』二四「エスキモー他」関楠生訳、ぎょうせい、一九八七年、三四―四三頁「人間の妻になった鴨」

(44) 同、「解説」三三三頁

(45) 『アイヌの昔話』稲田浩二編、ちくま学芸文庫、二〇〇五年、一六二―一六六頁「ルルパの少年」

(46) 同、一六六頁
(47) 『日本国語大辞典』第二版、小学館、一三、二〇〇六年、一三一頁
(48) イナウ（イナオ）について詳しくは、『アイヌの伝承と民俗』ジョン・バチラー、安田一郎訳、青土社、一九九五年、九―一二章参照
(49) 『年中行事覚書』（一九五五年）（『柳田国男全集』ちくま文庫版16）、一三六頁
(50) 前掲書『昔話と文学』、二三二頁、『年中行事覚書』、一四二頁
(51) 注(22)、三五九頁
(52) 注(32)参照
(53) 『図説シンボル事典』三一三―三一四頁「白鳥」
(54) 同、四〇三―四〇六頁「ワシ」
(55) 同、三二五―三二七頁「ハト」
(56) 注(36) Bd. 3, S. 246.
(57) 『図説シンボル事典』一一六頁「カモ／アヒル」
(58) 注（4）EM, Bd. 12, S. 314.
(59) 同 EM, Bd. 12, S. 311-313.
(60) ミルチア・エリアーデ『シャーマニズム』上下、堀一郎訳、ちくま学芸文庫、二〇〇四年
(61) 前掲書、『シャーマニズム』上、二七〇―二七一頁
(62) 同、二六八頁
(63) 前掲書『シャーマニズム』下、一四八―一五六頁「古代ゲルマン人のエクスタシー技術」

（64）Die Götterlieder der Älteren Edda. Übersetzt, kommentiert und herausgegeben von Arnulf Krause, Philipp Reclam jun., Stuttgart, 2006, S. 61. Die Sprüche des Hohen.

（65）前掲書『海南小記』四二六―四二八頁

（66）前掲書『年中行事覚書』一三五頁

（67）同書同頁

（68）Wilhelm Grimm, Über die Entstehung der altdeutschen Poesie und ihr Verhältnis zu der nordischen.（Kleinere Schriften, Bd. 1）邦訳、ヴィルヘルム・グリム「古代ドイツ文学の成立とその北欧文学との関係について」谷口幸男訳（『ドイツ・ロマン派全集』第十五巻「グリム兄弟」、国書刊行会、一九八九年所収）

（69）注（20）参照

（70）『辞書解説原稿』〈羽衣〉（『定本柳田国男集』第二十六巻、一九七七年所収）三四一頁

3

呪的逃走

水の魔女／三枚の御札

序

栗拾いに夢中になって山奥に迷い込んだ寺の小僧が、夜、泊まった老婆（鬼婆）の許から命からがら脱出する「三枚の御札」[1]は、日本昔話の中でも特によく知られている。一方、グリム兄弟 Brüder Grimm の『子供と家庭の童話集』Kinder- und Hausmärchen（以下ＫＨＭとも略記）[2]には、「めっけ鳥」Fundevogel（ＫＨＭ五一）あるいは「水の魔女」Die Wassernix（ＫＨＭ七九）等、類似のものが数篇収録されている。[3]口承文芸学ではこのタイプを〈呪的逃走〉magische Flucht と呼ぶ。[4]

ドイツの民俗学者ルッツ・レーリヒの指摘によると（『昔話と現実』Märchen und Wirklichkeit）、この種の逃走譚は全世界に分布し、すでに一九三〇年、フィンランド学派のＡ・アールネは論文「呪的逃走」Die magische Flucht（Ｆ・Ｆ・Ｃ・九二）において、四十三の民族の全体で七百六十話を紹介していた。類話は以後も相当数発見されたようだ。[5]

一般に、「逃走」Flucht は人間が動物と共有する「本能的行動」で、自己保存に重要な役割を演じている。深層心理学者カール・グスタフ・ユングは逃走に伴う「内的体験」を「元型的」archetypisch なものとした。[6]その体験は、いわば人類に共通の情動、観念そして空想的イメージに属しているようだ(7)。実は、ヤーコプ・グリムは、初版KHMを刊行していた頃、すでにその呪的逃走の研究に着手していた(8)。また旧ソ連の民俗学者ウラジーミル・プロップも名著『魔法昔話の起源』（一九三九年）の中で、「呪的逃走」に一章を割き(9)、翻って、わが国では柳田国男がこのモティーフ、いわゆる「逃竄説話」に強い関心を抱いて、『桃太郎の誕生』等でしばしばそれに言及した(10)。

本稿では、このように、文学のみならず、心理学的にも、また民族学・民俗学的にも興味深い「呪的逃走」譚について、以上の文献等を参照しながら、考えてみることにしたい。

A　具体例三題

多くの類話が採集されている呪的逃走の昔話から、日本の「三枚の御札」・グリム童話の「水の魔女」および「めっけ鳥」を紹介する。

1　「三枚の御札」（新潟県）

昔、寺に和尚と小僧がいた。今日は天気がいいから栗拾いに行けと和尚が言うと、奥には鬼婆がいるから行かないと小僧が答える。魔除けの札を三枚やるから、鬼婆に追われたら後ろへ投げろ、と和尚に言われて、小僧は御札と袋を持って山奥へ入る。夕方、暗くなって、小僧は泊まる家を捜すと、光が見え、そこに行くと、年寄りの婆さんがいて、泊めてくれる。寝込めば喰われると思って、小僧は眠らずに婆に抱かれて寝たふりをする。小僧が便所へ行きたいと言うと、婆は小僧の腰に縄を巻いて行かせる。小僧は雪隠［せっちん］神様に自分の代わりに返事をしてくれるように頼んで、逃げ出す。待ちくたびれた婆が逃走に気づき、風に乗って追いかける。小僧が大水になれ、と御札を投げると、大きな川が出来て、婆の妨害をする。遂に川を掻き分けた婆が追って来る。小僧は砂山になれ、とまた御札を投げる。婆は高い砂山を越えて来る。空が白み始め、大火事になれ、と小僧が最後の御札を投げるが、婆は火の山も越える。寺の庭に着くと、明るくなり、小僧は和尚に助けを求める。和尚は朝の勤めの衣に小僧を匿う。鬼婆は火傷姿で山へ戻って行く（要約）[11]。

新潟県小千谷市で採集された稲田浩二編『日本の昔話』（上）収録の昔話である。和尚と小僧、栗拾い、（鬼）婆家での一泊、逃走、それを助ける御札。典型的な「三枚の御札」物語である。その類話、佐々木喜善編『聴耳草紙』[12]所収の「鬼婆と小僧」（秋田県角館）もこれと殆ど同じだが、細部が多少異なる。
山里の寺の小僧が山に「花コ」を取りに行きたいと言う。和尚は鬼が出るからと止めるが、小僧が是非にと言うので、守札を三枚渡して送り出す。小僧が山で美しい花を折っていると、婆が来て自分の家に誘い、今夜は泊れと言う。夜、小僧が見ると、「バンバ」（＝婆）は鬼になっている。小僧が便所へ行きたいと願って以後は、先の新潟県の話と同じだが、最後の場面が違う。寺へ逃げ込んだ小僧を戸棚に隠した和尚は鬼バンバと技量較べをし、負けた方が喰われることになる。和尚はバンバに豆粒になれるか、とけしかける。なれずにどうすると言って、婆は小さな豆粒に変身する。和尚はそれを餅につけて食べてしまう。関敬吾編の『日本の昔ばなし』(13)に収録された秋田県平鹿郡の「三枚のお札」は、冒頭の「花コ」を「栗こ」に入れ替えると、「鬼婆と小僧」と同じ物語である。

2 「水の魔女」Die Wassernix

グリム兄弟編『子供と家庭の童話集』所収の「水の魔女」（KHM七九）（図5）は短い物語なので、全訳で紹介する。

兄と妹が泉の傍で遊んでいた。こうして遊んでいると、二人とも泉に落ちた。泉の底に水の魔女がいて、彼女はこう言った。「さあ、お前たちを捉まえたぞ、お前たちは私のために今、一生懸命に働かなければならないよ」、こう言って彼女は兄妹を連れ去った。水の魔女は女の子に縺《もつ》れ汚れた麻を紡ぐように与え、また女の子は穴のあいた桶に入れた水を運び、男の子は切れない斧で木を伐らなければならなかったが、石のように硬いパンの塊以外には何も食べるものをもらえなかった。子供たちはとうとう耐えきれなくなって、ある日曜日、魔女が教会へ行くまで待って逃げ出した。教会が終わったとき、魔女は鳥たちが飛び去ったことに気づいた。そして跳ぶように彼らの後を追った。子供たちは遠くから魔女の姿を見ると、女の子はブラシを後ろに投げた。それは大きなブラシ山になり、その幾千本もの針を魔女は苦労に苦労を重ねて登らなければならなかったが、遂にそれを乗り越えた。その様子を子供たちが見たとき、男の子は一本の櫛を後ろへ投げた。それは櫛の山となり、その幾千本の歯に魔女はしっかりと掴まって、最後にはそれを乗り越えて来た。そこで女の子は鏡を後ろへ投げた。それは鏡山となった。とても滑らかなので、魔女はそれを越えることが出来なかった。そこで彼女は考えた「急いで家に帰って斧を取って来て。鏡山を真っ二つにしよう」。しかし彼女が戻って来て、ガラスをたたき割るまでに、子供たちはとっくに遠くまで逃げ去って、魔女は泉にすごすごと帰っていかなければならなかった(14)。

図５　「水の魔女」挿絵、オットー・ウッベローデ（1867–1922）1907年

「水の魔女」Wassernix の許から逃げるとき、子供たちは「ブラシ」Bürste と「櫛」Kamm と「鏡」Spiegel を後ろへ投げるが、それらは「大きな山」ein großer Berg となって魔女の追跡を妨害する。まさしく「三枚の御札」の「砂山」を想起させる。

『子供と家庭の童話集』にはもう一つ別のタイプの逃走譚がある。KHM五一の「めっけ鳥」である。要約すると、次のような物語である。

3 「めっけ鳥」Fundevogel

昔、山林の番人がいた。狩りに出かけると、子供の声がした。小さな子が高い木に座って叫んでいる。母親と木の下で眠り込んでいたとき、猛禽に攫われたのだ。山番は木に登って子供を下ろし、自宅に連れ帰って自分の子供（レンちゃん）と一緒に育てることにし、木の上で見つけたのでめっけ鳥と名付けた。子供たちは仲良しになった。

山番には料理人のお婆さんがいた。ある晩、彼女は井戸から水を何度も運んでいた。レンちゃんが訊ねると、明日の朝、山番が出かけたら、水を沸かし、その中でめっけ鳥を煮るのだと言う。翌朝、父親が狩りに出発したあと、レンちゃんはめっけ鳥と共に立ち去る。子供たちが逃走したことに気づいた料理人は、三人の下男に追跡させる。遠くから彼らの姿を見たレンちゃんはめっけ鳥に言う、あなたは薔薇の幹になりなさい、わたしは薔薇になるから、と。下男たちはそれに気づかず、家に帰り料理人に叱られ、ふたたび追跡を開始する。彼らを遠くから見たレンちゃんはめっけ鳥に言う、あなたは教会になりなさい、わたしはその中のシャンデリアになるから、と。下男たちはまた何も気づかず、家に戻り料理人に怒られる。今度は、料理人の婆さん自身が下男たちと一緒に追跡する。遠くからそれを見たレンちゃんはめっけ鳥に言う、あなたは池になりなさい、わたしはそこに浮かぶ鴨になるから、と。料理人の婆さんは池を見ると、腹ばいになって池を飲み干そうとする。すると鴨が素早く泳いで来て、嘴で彼女を引き摺り込み、婆さん（年取った魔女）は溺れ死ぬ。そこで二人は家に帰り心から喜ぶ[15]。

グリム兄弟の『子供と家庭の童話集』には、呪的逃走のモティーフを含む物語が他にも収められているが[16]、本稿では、ＫＨＭ七九「水の魔女」と右のＫＨＭ五一「めっけ鳥」を扱うことにする。前者では、兄と妹がブラシ、櫛、鏡といった呪物を投げながら、また後者では、「レンちゃん」Lenchen と「めっけ鳥」Fundevogel が「薔薇の幹」Rosenstöckchen と「薔薇の花」Rosen、「教会」Kirche と「シャンデリア」Krone、「池」Teich と「鴨」Ente に変身しながら、それぞれ「水の魔女」や「年取った魔女」die alte

Hexeの許から脱出するが、これらは呪的逃走の二つの典型、「障碍型」と「変身型」を示す。先の「三枚の御札」は前者に属する。

B　話型について

初めに話型を確認しておく。羽衣説話と同様、世界的分布を持つ最古の昔話の一つに数えられる「三枚の御札」[17]および呪的逃走の二つのタイプを示すグリム童話KHM五一「めっけ鳥」とKHM七九「水の魔女」は、話型的には以下のように分類されている。

先ず、池田弘子編『日本民間伝承のタイプとモティーフ索引』A Type and Motif Index of Japanese Folk-Literature by Hiroko IKEDA（FFC二〇九）[18]は、三三四番として、「魔女の世帯」Household of the Witch「三枚の御札」San-mai no O-Fudaを掲げ、物語の構成要素を、一「三枚の御札」Three Talismans、二「人食い鬼女」The Ogress、三「逃走」Escape、四「策略にかかった人食い鬼女」The Ogress Trickedにまとめる。[19]

次に、右の「索引」の基となったA・アールネ／S・トンプソン編『昔話のタイプ』A.Aarne / S.Thompson: The Types of the Folktale（FFC一八四）（以下ATと略記）[20]は、「本格昔話」Ordinary Folk-Talesの中の「超自然の敵対者」Supernatural AdversariesにA

T三一三「主人公の逃走を助ける少女」The Girl as Helper in the Hero's Flight を分類し、次の六項目を物語の構成要素として掲げる。一「主人公が人食い鬼の掌中に陥る」Hero Comes into Ogre's Power、二「人食い鬼の課題」The Ogre's Tasks、三「逃走」The Flight、四「忘れられた許嫁」The Forgotten Fiancée、五「魔法の忘却から覚める」Waking from Magic Forgetfulness、六「以前の花嫁が選ばれる」The Old Bride Chosen。[21]

ATはさらに三一三A〔主人公の逃走を〕「助ける少女」The Girl as Helper、三一三B「禁じられた箱」The Forbidden Box、三一三C「忘れられた許嫁」The Forgotten Fiancée を追加し、KHM五一「めっけ鳥」とKHM七九「水の魔女」は三一三Aに分類する。[22] なおATは、KHM五六「恋人ローラント」Der liebste Roland、KHM一一三「王様の二人の子供」De beiden Künigeskinner、KHM一八六「本当の花嫁」Die wahre Braut そしてKHM一九三「太鼓たたき」Der Trommler をいずれも、三一三Bおよび三一三Cに数え入れているが、[23] 本稿では「呪的逃走」が物語の要となる三一三Aタイプの二篇を扱うことにする。

最後に、柳田国男は『日本昔話名彙』の中で、「三枚の御札」を「牛方山姥」や「食わず女房」等とともに「厄難克服」タイプに分類する。冒頭、彼は秋田県仙北郡角館の「三枚の御札」を詳しく紹介し、続いて、北は青森県から南は鹿児島県喜界島まで、全十三県の類話を列挙する。[24] 逃竄譚は彼が強い関心を寄せたモティーフの一つである。

C　呪的逃走譚の神話

さて、現在ドイツで刊行中の『昔話百科事典』Enzyklopädie des Märchens（以下ＥＭとも略記）の記述によると、「呪的逃走」（magische Flucht）は「最古の昔話」に属するとされるが、[25] 源流を探るため、初めにギリシア神話を覗いてみることにしたい。

1　アタランテーの物語

アルカディアのリュクールゴスのイーアソスは男の子を欲していたので、生まれた女の子を棄てたが、赤子は牝熊に乳を与えられて生き延び、後に猟師に発見され育てられた。成人した後、彼女は、女神アルテミスのように、処女を守り、荒野で狩りをして暮らす。その後、両親に再会し、父は彼女を結婚させようとする。そこで彼女は、求婚者が競走で自分に勝てばそれを受諾し、その者が負けた場合には死の運命を科すと言う。多くの者が殺されたあと、メラニオーン（あるいはヒッポメネース）が彼女に恋し、アプロディーテーから得た黄金の林檎を持って競走に参加する。そして彼女に追いつかれそうになると林檎を投げる。それを拾っている間に、アタランテーは競走に敗れ、求婚者の妻となる（要約）（アポロドーロス『ギリシア神話』第三巻、Ⅸ・二）[26]。

美の女神アプロディーテーからもらった黄金の林檎を投げることで、求婚者はアタランテーに勝利し、彼女と結婚することが出来たが、この場合、林檎は一種の呪的品物で、右の物語は障碍物を用いた呪的逃走譚と言ってよい。ギリシア神話には他にも類似の話が伝えられている。アルゴー船物語の一挿話である。

コルキス（黒海東岸）の王は、アルゴー船に乗って金毛羊皮を探しにやって来たイアーソンに、青銅の足の狂暴な牡牛を一人で繋げば羊皮を与えると約束する。イアーソンに恋した王女メデアは、自分を妻とし船でギリシアへ連れて行ってくれるという条件で彼を手伝い、魔法を用いて牡牛を繋ぐ。二人が脱走したことに気づき、王は船を追跡する。王（父）が近づくのを見たメデアは弟を殺して八つ裂きにし、海の深みにそれを投じる。王が子供の身体を集めている間に、二人は追跡を逃れる（要約）（前掲書、第一巻、Ⅸ・二三～二四）[27]。

右の物語においても、逃走の折り、時間を稼ぐために障碍物が利用される。それは追跡者の息子であると同時に逃走者の弟という二重の意味で身近な存在（肉親）の身体である。恋の狂気とでも言うべきか、淡々とした叙述の中にも内容は凄惨である。古代の神話はこの種の迫力に満ちているが、日本の神話もその例外ではない。

2 『古事記』

『古事記』上巻五「黄泉国」(28)。伊邪那岐命《いざなきのみこと》は［火の神を生んだのが原因で亡くなった］妹［いも＝妻］伊邪那美命《いざなみのみこと》に会うために黄泉国に行く。二人の国作りが終わっていないので現世に戻ろうと男神が言うと、女神は、私はもう黄泉国の食物を食べてしまったが黄泉国の神と相談するので、その間、私を見てはならないと答えて御殿に帰る。なかなか姿を見せないので、男神が櫛の太い歯を折って火をともし御殿の中を見ると、女神の身体には蛆がたかり、八種の雷神が音を立てている。

ここに伊邪那岐命見畏《みかしこ》みて逃げ還ります時、その妹伊邪那美命、「吾《あ》に辱《はぢ》見せつ」と言ひて、即ちよもつしこめを遣《つかは》して追はしめき。ここに伊邪那岐命、黒御縵《くろみかづら》を取りて投げ棄つる、すなはち蒲子《えびかづらのみ》生りき。こを摭《ひり》ひ食《は》む間に逃げ行く。なほ追ひしかば、またその石の御みづらに刺せるゆつつま櫛《ぐし》を引きかきて投げ棄つる、すなはち筍《たかむな》生《な》りき。こを抜き食《は》む間に逃げ行きき。

また後《のち》にはその八《やくさ》の雷神に、千五百《ちいほ》の黄泉軍《よもついくさ》を副《そ》へて追はしめき。ここに佩かせる十拳《とつか》剣を抜きて、後手《しりへで》にふきつつ逃げ来ます。なほ追ひて、黄泉比良坂《よもつひらさか》の坂本《さかもと》に到りし時、その坂本なる桃子《もものみ》三箇《みつ》を取りて待ち撃ちしかば、悉《ことごと》に逃げ返りき（次田真幸訳）[29]。

その後、女神自身が男神を追って来る。男神は大きな岩を黄泉比良坂に引き据え、岩を挟んで二神は夫婦離別の言葉を交わす。女神は夫にそのようなことをするなら、あなたの国「現世の」人を一日に千人絞め殺すと言い、それに対して男神はそれなら私は一日に千五百の産屋を建てると答える[30]。

亡き妻を訪ねて黄泉の国に下った伊邪那岐命が眼前にしたのは、「遺体に」湧く蛆、身体の至る所で音を響かせる雷神といったおぞましい光景であった。日本神話の原点である『古事記』は、このように、死の国の現実をリアルに細密に描写しながら、古代における生と死の境界に横たわる底知れない闇を垣間見せる。死の国での正体を見られた女神は、恥の怒りに狂い、醜女に男神を追跡させる。その場面に呪的逃走のいわば原風景が認められる。

以上、ギリシア神話では、メラニオーン（ヒッポメネース）が女神からもらった黄金の林檎を投げることによってアタランテーの追跡をかわし、コルキスの王女メデアは八つ裂きにされた弟の遺体をばら撒くことで黒海東岸（彼岸の地？）の一族から逃れ去る。一方、日本神話では、櫛や桃などを投じながら伊邪那岐命が亡き妻の支配圏である黄泉国から脱出する。

前述『昔話百科事典』（EM）は「呪的逃走」を大きく「被追跡者の変身」（変身型）と「魔法の品の投擲」（障碍型）に分類し[31]、わが国では、関敬吾が『日本昔話大成』の中で、「逃竄譚」（「本格昔話」十三）を「変身逃走」、「障害逃走」、「呪物逃走」に分け、他に「アタランテー型」（＝道草型）を追加する[32]。本章で見た神話の中の逃走譚は、広義には、いずれも「障碍型」に属している。これらが「三枚の御札」タイプの昔話のいわば原型を示していることは間違いない。事実、J・ボルテ／G・ポリフカの『グリム兄弟「子供と家庭の童話集」注解』Johannes Bolte/Georg Polívka: Anmerkungen zu den Kinder- und Hausmärchen（以下B／Pとも略記）は、KHM七九「水の魔女」の註の中で[33]、櫛、鏡等を投げて逃走するこの種の物語の類例として、『古事記』Ko-ji-ki（チェンバレンChamberlain訳、一八八三年）を挙げている。呪的逃走モティーフの東西比較の素材をB／Pはすでに示唆しているのである[34]。

〈呪的逃走〉譚の具体例として、以上、日本昔話「三枚の御札」とグリム童話「水の魔女」「めっけ鳥」、ギリシア神話「アタランテーの物語」および日本神話『古事記』を見てきたが、本モティーフに関して、A・アールネ以来、様々な研究が発表されてきた。[35] 本稿ではその中から初めに、ヤーコプ・グリムと柳田国男の論考を紹介し、次に、プロップを介して、ふたたびヤーコプ・グリム（『ドイツ神話学』）を参照しながら、呪的逃走の深層にあるものについて考えてみたい。

D 〈呪的逃走〉論—J・グリム／柳田国男

グリム兄弟編『子供と家庭の童話集』のKHM五一「めっけ鳥」とKHM七九「水の魔女」の「原注」は、いずれも短いコメントしか載せていないが、[36] 後者の末尾に「全体については J・グリム〈イルミンの道〉Irmenstraße を参照」、と重要なメモが記されている。[37]「イルミンの道とイルミン柱　ヤーコプ・グリムの神話学論文」Irmenstrasze und Irmensäule. Eine mythologische Abhandlung von Jacob Grimm. Wien 1815[38] がそれである。

1 ヤーコプ・グリムの論文

一八一五年にウィーンで発表された右の論文「イルミンの道とイルミン柱」の中で、ヤーコプ・グリムは古代神話における〈逃走〉譚について次のように語っている。

昔話の中で逃走する子供たちは、後を追いかける魔女の目の前に尖った櫛あるいはブラシの山を突き付ける。エジプトの伝説はこのことを明らかに知っている。すなわち、テュフォンは逃げる穀物の母イシス（デメーテール）を追跡するのだが、その時、彼女は彼に向ってひと束の穂を投げる。その穂は空一面に飛び散って、一筋の道を形づくる。同じことを叙事詩に転換するとこうなる。テュフォンはオシリスの遺体を切り刻み、その破片をまき散らす。イシスは歩み出て、人が落ち穂を拾う時のように、すべての破片を注意深く拾い上げる。またメデアは彼女の子供たちの寸断された身体を、同様に、投げ棄て、彼女の敵たちはそれらを集めようとして手間取る。またエッダの伝説はわれわれをふたたび藁と黄金の方へ導いて行く。ロルフ・クラキスはそれを種（穀粒、穀物）と呼ぶ。なぜなら、彼を追いかける追跡者を食い止めるために、道すがら彼はそれをあちこちにまき散らすからだ。……月の女神イシスは悪しき赤狐あるいは狼のテュフォンから逃走する。彼［テュフォン］は、エッダにおいて狼が〈月を呑み込む者〉（managarmur）

と呼ばれるように、彼女［イシス］を呑み込もうと必死である。月は通って行く空の道に光を投げ、追跡してくる敵に向かってそれらを矢のように射放つ。矢、光、毛髪は一つのものなのだ。[39]

伝承によると、[40]オシリスの妹であり妻であるエジプト神話の女神イシスは、女性に穀物を挽く技術を教えた女神でもあった。オシリスが弟のセトによって殺され箱に詰められてナイル川に遺棄されたとき、彼女は夫の遺体を捜す旅に出る。フェニキア（シリア地中海沿岸）に流れ着いた箱を彼女はようやく発見して隠すが、セトがそれを見つけ死体を寸断して王国にばら撒いてしまう。ふたたび遺体を捜しに出かけたイシスはその破片を集め復元し、防腐処置の儀式を行い、それを永遠の生命に復活させる。セトの迫害を逃れた彼女は、魔術を用いてホルスを産み育て、その後ホルスによってセトを退治し夫の復讐を果たす。貞淑な妻・哀悼者として、女神イシスは以後、絶大な崇拝の対象となる。[41]

ヤーコプは先の文章で、エジプト、ギリシアそして北欧の逃走神話を比較する。セト（＝テュフォン）から逃れるイシス（デメーテール）女神、穀物の穂を投げながら追跡者を振り切ろうとするその姿を、ヤーコプは壮大な光景（空を飛ぶ穀物の穂＝天の川）と重ね合わせながらイメージ豊かに描き出す。イシスの貞淑さとは対照的なギリシア神話メデアの物語に関してはすでに触れた（三A）。ヤーコプは次にエジプト神話を北欧神話と比較する。

ヤーコプが語る「狼」は、スノリ・ストゥルルソンの（散文）『エッダ』（「ギュルヴィたぶらかし」）に登場する女巨人が生んだ最強の狼で〈マーナガルム（月の犬）〉と呼ばれる。

「この狼は、死ぬ人間すべての肉で腹をみたし、月をとらえ、天と空を血塗る。……『巫女の予言』にはこういわれている。〈東のイアールンヴィズ（鉄の森）に／一人の老婆住みて／フェンリルの一族を生み／そのなかより怪物の姿をとり／日を呑み込むものあらわる〉」（第一二章）[42]。ヤーコプは、テュフォン（＝セト）に追われるイシスを、テュフォン（＝狼フェンリル）に呑み込まれる月に譬えて、エジプトと北欧の神話を二重映しにしたのである。

論文冒頭、ヤーコプは「夜空の数え切れないほどの恒星のきらきらした筋は、殆どあらゆる民族によって、異口同音に、道や通り、あるいは［星の］散布に関する神話的な想念の中で、いっそう身近に捉えられてきた」[43]と前置きして、中国の他、様々な国の〈天の川〉himmelsflusz伝説を紹介しているが、この天の川（銀河）は、イシスがテュフォンに追跡されて逃げる途中、麦の穂を投げた痕とも言われる[44]。ヤーコプ・グリムは呪的逃走の遥かな起源をこの天体神話と結びつけながら、以上のように、神話学的な解釈を繰り広げるのだが、そこには、文献学とロマン的夢を、想像力を媒介に、見事に織り成す彼の面目躍如たる姿がある。

2 柳田国男の逃竄説話論

柳田国男は、前述のように、「三枚の御札」を「天道さん金の網」、「牛方山姥」、「食わず女房」（口無し女房）共々「厄難克服」のジャンルに分類したが、呪的逃走（＝逃竄）譚に関して独立した論文は残していない。しかし著作の中で彼はこのテーマに言及している。『桃太郎の誕生』（一九三三年刊行）の次の一節がそうである。

怖畏《ふい》を基調とした昔話の宇宙観が、後に壮快なる捷利《しょうり》の民間文芸と化するまでには、その中間に身の毛のよだつような逃竄説話という一つの過程があった。……なお昔話のごとく信ずべからざるものを楽しむ社会では、かつて我々の一たび経過した境涯が、淡い痕跡となってしばらくは保存せられているのである。(45)

「怖畏」は、例えば、死の現実を覗き見た古代人の衝撃（『古事記』上巻五「黄泉国」）にその遥かな源を辿ることが出来るであろう。しかし後の時代、そうした衝撃は恐怖を疑似体験するある種の愉しみと化して、「民間文芸」へと吸収されていったに相違ない。柳田は逃竄説話をその中間のプロセスに位置づけている。「我々の一たび経過した境涯が、淡い痕跡となってしばらくは保存されている」という一節は、昔話にそうした人間意識の遠い記憶が潜んでいることを語ったものであろう。伝承文学の魅力の一つは、確かに、そうした痕跡の再発見にある。

ところで、一九四七年に刊行された『口承文芸史考』（七一節）[46]の中で、柳田は次のように指摘する。すなわち、昔話の主人公が「危険」を「克服」する際には、「尋常の武力」は用いられない。その理由の一つは、昔話の「害敵」が「超人間的に手強《てごわ》く」、「一筋縄では手におえぬ」点にあるが、他方、それは昔話の「眼目」ではないからである。闘って相手に勝った話よりも、逃げ還って助かったものの方が「はるかに多い」のだ。そういうわけで、「逃竄説話」は「英雄の功業を録す」ための伝承ではない、と[47]。

アールネ／トンプソンの『昔話のタイプ』では、「呪的逃走」magic flight は「本格昔話」のA「魔法昔話」の「超自然の敵対者」（AT三一三）に分類されていた。柳田のいわゆる「超人間的に手強く」「一筋縄では手におえぬ」「害敵」はまさしくこれに相当するが、日本昔話におけるその代表格は「山姥」であろう。「尋常の武器」では歯が立たず、「闘う」よりは「逃げて」助かるしかないという意味で、逃竄譚は、「桃太郎」のような英雄譚とは逆の位置を占める。しかし「山姥」には、意外にも、弱点があると柳田は語る。

昔話に山姥の出て来るのは、よく知られたものが四つ、その中で最も弘く国内に流布しているのは、「牛方山姥」と我々の呼んでいるものである。峠の頂上に旅の牛追いを劫《おびや》かして、積荷の塩鯖《しおさば》とか大根とかを手始めに、牛まで取って食ってから、さらに牛方をも食ってしまおうとする。その飽くことを知らぬ貪欲というか、だんだんと凄《すご》さ怖ろしさの加わって行くところに力を入れた、いわゆる逃竄説話、……わが邦の類話は皆結果を急いで、その日のうちに敵を退治してしまうことになっている。……甘酒を飲まされたとか、餅を屋根裏から突き刺して取られるのを、鼠のしわざかと思ってあきらめて寝てしまったとか、おおよそ今までの兇猛《きょうもう》とは似もつかぬような、愚かな悪者になってしまって讎《あだ》を打たれるのは、ちょうどカチカチ山の狸《たぬき》とよく似ている（『祭日考』一九四六年刊）(48)。

「凄さ怖ろしさ」が極まってゆく逃竄説話「牛方山姥」を紹介した右の文の中で、柳田は、恐ろしい「山姥」のもう一つの側面としての「愚かな悪者」像に注目する。彼によると、山姥は西洋の昔話の Ogres に似ている。「人に対して無法な害をするが、どこか魯鈍《ろどん》なところがあって騙《だま》されやすく、従って折々はやっつけられる」(49)。ある意味、愛嬌のある存在なのだ。グリム童話の「水の魔女」も、そう言えば、恐ろしい反面、兄妹に呪物（ブラシ／櫛／鏡）を投げられたあと、最後に彼女の「泉にすごすごと帰って」行く。神話や伝説とは異なる、昔話というジャンルのある種の軽やかさは、超自然の「害敵」のこうした愚かさにも現れているのかも知れない。「身の毛のよだつ」恐怖物語の只中にさえ、遊戯的な要素が内在している点に、柳田は昔話の本質を見ている。

E 〈呪的逃走〉の深層

ところで、柳田国男が以上のような逃竄説話論を語っていた頃、旧ソ連では民俗学者ウラジーミル・プロップ（一八九五―一九七〇年）が代表作の一つ『魔法昔話の起源』（一九三九年）[50]を発表し、その第九章「花嫁」の中で有名な「呪的逃走」論を展開した。

1 プロップ『魔法昔話の起源』

冒頭、テーマの問題点として、逃走のモティーフの起源と形式の多様性を掲げた後、プロップは、障碍物逃走と変身逃走の各種タイプの分析を試みているが、中でも、次の変身逃走論は本稿との関連からもきわめて興味深い。

娘が動物に変身するのは人間は死ぬとき動物に変身するという観念から派生したと仮

定すれば、進むべき方向が探りあてられる。王女が鴨に変身し、王子が彼女に人間の姿を取り戻してやる点に注目しよう。鴨は分布の広い動物の一つであり、そのイメージは死と結びついている。人間に戻る変身は、生への帰還の観念を反映している。[51]

KHM五一「めっけ鳥」でも、魔女を池の中（死の世界）に引き摺り込むのは鴨（＝めっけ鳥）であるが、グリム童話では特に、「森の中の三人の小人」Die drei Männlein im Walde（KHM一三）[52]と「白い花嫁と黒い花嫁」Die weiße und die schwarze Braut（KHM一三五）[53]が、プロップの指摘する、殺されて鴨になった王女（前者）と美しい娘（後者）を描いている。彼女たちはそれぞれ、王様が鴨の頭の上で三度剣を振り、鴨の頭を切り落とすと、元の姿に変身する。これは死から生への復活の儀式に他ならず、この場合、鴨は死のシンボルとなっている。

死者の霊魂がこのように鳥に変身する例は、グリム童話では、KHM四七「ねずの木の話」Von dem Machandelboom[54]等にも見られ、インド＝ヨーロッパ語族の特色とされるが、それは世界の他の地域の民間信仰にも多数存在する。[55]右の引用文の少し先の個所で、プロップは重要な指摘をする。すなわち、「変身をするのは水と関連のある存在である」と。[56]呪的逃走のテーマを掘り下げるためには、察するところ、水がキーワードになるようだ。実は、水と呪的逃走に関しても、ヤーコプ・グリムはすでに著作の中で触れていた。

2　J・グリム『ドイツ神話学』

大著『ドイツ神話学』Deutsche Mythologie（一八三五年刊）（以下DMとも略記[57]）第一七章「小人と妖精」wichte und elbe の中で、ヤーコプは〈水の精〉nichus に関して次のように述べている。

〈舞踏〉、〈歌〉そして〈音楽〉は、妖精にとってと同様、あらゆる水の精の喜びである。セイレーンにも似て、水の精（ニックス）は歌によってそれに耳を傾ける若者たちを魅了して深みの中へ引き摺り込む。こうして、ヒュラースはニンフたちによって水の中へ曳かれていたのである（アポロドーロス、一、九、一九[58]）。

ヤーコプが出典として挙げているアポロドーロスの『ギリシア神話[59]』等に拠ると、セイレーンは河神アケローオスと芸術女神ムーサの一人メルポメネーの三人娘で、彼女たちはその甘美な歌によって若者を水底へ惹き入れ（一・九・一九[60]）、またヘラクレスが愛していた少年ヒュラースを、その美しさゆえに、ニンフたちは水中へ引き込んだのだった（「摘要」

七・一八—一九）[61]。オデュッセウスが自身をマストに縛り付けさせてセイレーンの歌を聞いた物語もそうだが[62]、人々を神秘的な深みへ誘う水の魔力は、古代の神話から脈々と伝承されてきたテーマである。ヤーコプは続ける。

キリスト教はそのような犠牲を禁止し、古来の水の精を悪魔的な存在として示したにも拘わらず、民衆はある種の畏怖と崇敬の念を保ち続け、水の精の威力と影響への信仰を必ずしも放棄してはいないのである[63]。

古代の異教的信仰の痕跡に強い関心を寄せていたグリムは[64]、キリスト教の普及以後も、その信仰がいかに根強く民間に浸透していたかを右の一節で強調する。水の精に対する民衆の「ある種の畏怖と崇敬の念」に関して、ヤーコプはさらにこう語る。

〈自由意思による犠牲〉の他に、水の精 der nix は己の技術を伝授するために、残酷な〈強制的〉犠牲を奉献するように要求する。その記憶は殆どあらゆる民族の伝承の中に生き続けている。人々は今日もなお、人間が河で溺れると、よくこう表現する。「河の精が〈例年の犠牲〉を要求している」、と。通常それは〈罪のない子供〉である（原注

3)。これは太古の異教時代、水の精 nichus に捧げられた実際の人間の犠牲を示唆している。ディーメルの水の精に人々は毎年「パンと果物」を投げ入れる。(65)

原注3にヤーコプは「『ドイツ伝説集』六一、六二」とメモしている。グリム兄弟が編集・刊行した『ドイツ伝説集』Deutsche Sagen（以下DSとも略記）(66)の六一番「河への生贄」Wasser-Recht(67)と六二番「溺れた子」Das ertrunkene Kind(68)のことである。前者では、ライプツィヒ近郊の河が、毎年、人間を人身御供に要求する伝説が紹介され、殆ど毎夏、その辺りで人が溺れるのは〈水の精〉Wasser-Nixe が人を底へ引き込むからだと信じられている。(69)また後者では、湖や河が毎年、無垢な子供を人身御供に要求する話が語られる。(70)ちなみに、右の引用文末尾のディーメル Diemel はヴェーザー河の支流で、その河口と上流にはメトイェ Mettje と呼ばれる長い髪を垂らした白い体の不気味な女がいて、大人や子供を河中に引き入れようとする、と言われる。(71)水の精のこうした底知れない怖さについて、ヤーコプは最後にこう語る。「そもそも水の精には〈残酷さ〉と〈血に飢えた残忍さ〉という特徴が一貫している。それは山や森や家のデーモンにはめったに現れない」(72)。

ところで、プロップは先の「呪的逃走」論の中で、「逃走と追跡の基本的な種類は歴史的展望に立って見ると、死者の国から生者の国への帰還をもとにして作られたものである」[73]と語り、「水、川が最後の障碍物であることが多い」[74]と結論する。生と死の「境界としての水」[75]である。水の精は、河・池・海の闇の底から、生の国の人間を己の圏内へと引き込もうとする。セイレーンもニンフもニックスも、水の精はすべて死の国の遣いに他ならない。何か得体の知れない「残酷さ」「血に飢えた残忍さ」（J・グリム）が水（の精）には内在しているようだ。

結び

プロップの生と死の「境界としての水」で想起されるのは、『古事記』上巻「黄泉の国」の場面である。伊邪那美命が放った醜女に追われる伊邪那岐命は、呪物を投げながら逃走し、黄泉比良坂で大岩を据えてようやくこの世とあの世を隔離する。ボルテ／ポリフカはグリム童話「水の魔女」（KHM七九）の注釈の中で、『古事記』を類話に掲げたが、呪術的な「境界」の感覚は、プロップも指摘するように、川（水）のない所（岩）でも明確に示される[76]。「三枚の御札」の場合は、小僧がようやく逃げ込んだ「寺」が現世と彼岸の境界と言えるかも知れない。呪的逃走はその「境界」で終わりを告げる。

ユング派の心理学者マリー・ルイーゼ・フォン・フランツは『昔話百科事典』の「逃

走」Flucht の項で、(77)「逃走」は人間が動物と共有する「本能的態度」で、〈攻撃〉と同様、自己保存に益するものであると断ったあと、ユングの学説を紹介し、「逃走」の物語が、時に、生物学的な次元を超えた「元型的」archetypisch「内面の相」Innenaspekt を示すと語る。(78)一九一九年に発表された論文『本能と無意識』Instinkt und Unbewusstes の中で、ユングは「本能と直観の様々な元型」が「〈集合的無意識〉das kollektive Unbewußte を形成する」と述べ、「人間の行為は、人が普通想定しているよりも遥かに本能によって影響されている」と結論する。(79)「逃走」は従って、本能の一種として、「元型」共々、「集合的無意識」を形づくる人間の行為であり、〈呪的逃走〉のモティーフが世界中の神話や昔話に見られるのは、ある意味、当然かも知れない。そしてこの「逃走」は、プロップの指摘するように、「水」に関わる物語の中にしばしば現れる。

「超自然の敵対者」（AT）であるKHM七九の〈水の魔女〉、KHM五一の〈魔女〉、またDS六一「河の生贄」の〈水の精〉や同六二「溺れた子」の〈河〉そのものは、生と死の境界で、異教的慣習の「生贄」を求めるかのように（J・グリム）、子供や若者（ギリシア神話／KHM／DS等）を捕えようと待ち構えている。呪的逃走の物語は、彼岸への畏怖と此岸への希求が接し合う「境界」を示唆していると思われる。

ところで、呪的逃走譚は、人間を死の不安や恐怖で包む込む自然（山姥の森／魔女の泉等）

の神秘的な負の側面を覗かせるが、水は、他方で、生命にとって不可欠な物質として、当然、神聖な正の側面も具備している。キリスト教が歴史的に重要な役割を果たしてきたヨーロッパでは特に、「洗礼」に象徴される水の浄化作用は遍く知られている。「洗礼」は「水に浸すこと」を意味するギリシア語baptismaに由来するが、それは「七つの秘跡の一つで、この秘跡において水と神のことばによって、人はすべての罪から清められ、キリストにおいて生まれ変わり、永遠の生命のために聖化される」（『現代カトリック事典』）とされる[80]。さらに洗礼は、ユダヤやキリスト教に限らず、他の宗教においても「清めの儀式」に用いられ、例えば、ギリシアの女神の彫刻像は、不滅の力と処女性を再生すべく毎年水を浴び、インドではガンジス川が、ヨルダン河と同様、聖なる川となっている（『元型と象徴の事典』「キリストの洗礼」[81]）。そういうわけで、「儀式で水に浸るということは、一新することにもなるが、その同じ水で溺死することもある」（同[82]）。

プロップは呪的逃走譚の起源を「死者の国から生者の国への帰還」に探ったが、「洗礼」も、ある意味、水の中で死して罪を清め、その後、キリスト者として生の世界へ復活する儀式であることを考えると、逃走は、不思議なことに、根本的な次元で、異教とキリスト教を連携させる要素を内包しているのかも知れない。昔話の中の逃走は、多くの場合、恐怖の愉しみと化しているが、神話を参照すると、逃走がたんなる娯楽ではなく、死と生を分かつ境界からのそれであることは一目瞭然で、伝説は、ジャンル的に、神話と昔話の中間に位置する。

テクスト

＊Brüder Grimm: Kinder- und Hausmärchen, Ausgabe letzter Hand mit Originalanmerkungen der Brüder Grimm, 3Bde., hrsg. von Heinz Rölleke, Philipp Reclam jun., Stuttgart. Bd. 1/2, 1982, Bd. 3, 1983.（Reclam KHM）

＊Deutsche Sagen, hrsg. von den Brüder Grimm. Ediert und kommentiert von Heinz Rölleke, Deutscher Klassiker Verlag, Frankfurt am Main, 1994.（ＢＤＫ版）

＊「柳田国男全集」全三二巻、ちくま文庫版

右記以外のものは「注」に記す。

注

（1）『日本の昔話』上、稲田浩二編、ちくま学芸文庫、一九九九年、三四三―三四八頁

（2）テクスト参照

（3）Reclam KHM, Bd. 1, S. 262–263（KHM51）／Reclam KHM, Bd. 1, S. 389–390（KHM79）／他に、ＫＨＭ五六「恋人ローラント」Der liebste Roland／一一三「王様の二人の子供」De beiden Künigeskinner／一八六「本当の花嫁」Die wahre Braut／一九三「太鼓たたき」

Der Trommler

（4）Enzyklopädie des Märchens, Handwörterbuch zur historischen und vergleichenden Erzählforschung. Begründet von Kurt Ranke, Walter de Gruyter, Berlin/New York, Bd. 9, 1999, S. 13–19.（Magische Flucht）

（5）Lutz Röhrich, Märchen und Wirklichkeit, 4. unveränderte Auflage, Franz Steiner Verlag, Wiesbaden, 1979, S. 63ff., 259.

（6）EM, Bd. 4, 1984, S. 1328–1339.（Flucht）

（7）Handwörterbuch des deutschen Aberglaubens, hrsg. von Hanns Bächtold-Stäubli, 10Bde., Walter de Gruyter, Berlin/New York, 2000, Bd. 2, S. 1653–1657.（Flucht）（HdA）

（8）Jacob Grimm, Irmenstrasze und Irmensäule. Eine mythologische Abhandlung, in: Jacob Grimm, Kleinere Schriften 8, 1（1890）, Olms-Weidmann, Hildesheim/Zürich/New York, 1992, S. 471–504.

（9）プロップ『魔法昔話の起源』、斎藤君子訳、せりか書房、一九八八年

（10）「桃太郎の誕生」（『柳田国男全集』10、一九九〇年）、「祭日考」（同14、一九九〇年）、「口承文芸史考」（同8、一九九〇年）等

（11）注（1）参照

（12）佐々木喜善『聴耳草紙』、ちくま学芸文庫、二〇一〇年、九七―九九頁

（13）関敬吾編『日本の昔話』二、岩波文庫、一九八七年、一五六―一五九頁

（14）Reclam KHM, Bd. 1, S. 389–390.

(15) Reclam KHM, Bd. 1, S. 262–263.
(16) 注(3)参照
(17) 注(4)参照
(18) Hiroko IKEDA, A Type and Motiv Index of Japanese Folk-Literature, Helsinki, 1971 (FFC209).
(19) ibid, p. 93–95.
(20) Antti Aarne and Stith Thompson, The Types of the Folktale, Helsinki (FFC184).
(21) ibid, p. 104–105.
(22) ibid, p. 106–107.
(23) ibid, p. 107.
(24)『日本昔話名彙』柳田国男監修、日本放送協会編、日本放送出版会、一九七二年、一〇三―一〇五頁
(25) 注(4)参照
(26) アポロドーロス『ギリシア神話』高津春繁訳、岩波文庫、二〇〇九年、一四三―一四四頁
(27) 同書、六一―六三頁
(28)『古事記』(上) 全訳注　次田真幸、講談社学術文庫、一九九八年
(29) 同書、六一頁
(30) 同書、六一―六二頁
(31) 注(4)参照

(32)『日本昔話大成』6「本格昔話」五、関敬吾、編集協力　野村純一、角川書店、一九八一年、十三「逃竄譚」一三一頁
(33) Anmerkungen zu den Kinder- und Hausmärchen der Brüder Grimm, Neu bearbeitet von Johannes Bolte und Georg Polívka, Olms-Weidmann, Hildesheim/Zürich/New York, 1992, Bd. 2, S. 140–146.
(34) a. a. O., S. 146.
(35) 注(5)参照
(36) Reclam KHM, Bd. 3, S. 86, 128.
(37) a. a. O., S. 128.
(38) 注(8)参照
(39) a. a. O., S. 473.
(40) ヴェロニカ・イオンズ『エジプト神話』酒井傳六訳、青土社、一九九七年、一〇八―一一八頁
(41) 同書、一二二頁
(42)『エッダ―古代北欧歌謡集』谷口幸男訳、一三三頁
(43) 注(8) a. a. O., S. 471.
(44) 注(8) a. a. O., S. 472.
(45) 注(10)「桃太郎の誕生」一五三頁
(46) 同書、一五七―一五八頁

(47) 同書、一五七―一五八頁
(48) 注(10)「祭日考」三四〇頁
(49) 同書、三四一頁
(50) 注(9)プロップ『魔法昔話の起源』参照
(51) 同書、三五八頁
(52) Reclam KHM, Bd. 1, S. 91–97.
(53) Reclam KHM, Bd. 2, S. 229–233.
(54) Reclam KHM, Bd. 1, S. 239–248.
(55) 注(7) HdA, Bd. 8, S. 939–943.
(56) 注(9)同書、三六〇頁
(57) Jacob Grimm, Deutsche Mythologie, Olms-Weidmann, Hildesheim/Zürich/New York, 2003, 3Bde. (DM)
(58) Jacob Grimm, DM, Bd. 1, S. 407.
(59) 注(26)アポロドーロス『ギリシア神話』、高津春繁『ギリシア・ローマ神話辞典』、岩波書店、一九七五年
(60) 注(59)高津春繁『ギリシア・ローマ神話辞典』一三九―一四〇頁
(61) 注(26)アポロドーロス『ギリシア神話』五八頁
(62) ホメロス『オデュッセイア』(上)松平千秋訳、岩波文庫、第十二歌(三一〇―三三一頁
(63) Jacob Grimm, DM, Bd. 1, S. 408.

(64) ヴィルヘルム・グリム「昔話の本質」〈異教的な信仰の痕跡〉(『グリム兄弟/メルヘン論集』高木昌史/高木万里子訳、法政大学出版局、二〇〇八年、二九―三九頁)等

(65) Jacob Grimm, DM, Bd. 1, S. 409.

(66) テクスト、Brüder Grimm, Deutsche Sagen (BDK版)

(67) a. a. O., S. 93.

(68) a. a. O., S. 93–94.

(69) 邦訳『グリム/ドイツ伝説集』(上)、桜井正勝/鍛治哲郎訳、人文書院、一九八七年、六七―六八頁

(70) 同書、六八―六九頁

(71) Wörterbuch der deutschen Volkskunde, begründet von Oswald A. Erich und Richard Beitl, 3. Aufl., Alfred Kröner Verlag, Stuttgart, 1974, S. 938–940. (Wassergeister).

(72) Jacob Grimm, DM, Bd. 1, S. 409.

(73) プロップ『魔法昔話の起源』、三六〇―三六一頁

(74) 同書、三六一頁

(75) 同書、三六一頁

(76) 同書、三六一頁

(77) 注(4) EM, Bd. 4, 1984, S. 1328–1339. (Flucht)

(78) a. a. O., S. 1329.

(79) C. G. Jung, Instinkt und Unbewusstes, in: Gesammelte Werke, Bd. 8, Die Dynamik des

Unbewussten, Walter Verlag, Olten und Freiburg im Breisgau, S. 151-160.

（80）『現代カトリック事典』ジョン・A・ハードン編著／A・ジンマーマン監修／浜寛五郎訳、エンデルレ書店、一九九二年、四三四頁

（81）『元型と象徴の事典』編者アーキタイプ・シンボル研究文庫／ベヴァリー・ムーン、訳者代表／橋本槇矩、青土社、一九九五年、七〇九―七一〇頁

（82）同書、七一〇頁

4

骨のフォークロア

歌う骨／踊る骸骨

序

善良な人物が仲間（兄弟）の嫉妬心や金銭欲から殺されるが、年月が経過し、最後に彼の骨が犯罪を暴く昔話「歌う骨」[1]は、一度聴いたら（読んだら）忘れられない独特な印象深さを持っている。国際基準であるアールネ／トンプソンの『昔話のタイプ』Aarne／Thompson: The Types of the Folktale[2]（以下、ATとも略記）はこの「歌う骨」The Singing Boneを「本格昔話」B「宗教的物語」七八〇番に分類し、その伝承地域として、フィンランド、エストニア、リトアニア、デンマーク等のバルト海沿岸（北欧）、スコットランド、アイルランド、イギリス等の島国、また西欧フランス、ドイツ、オランダ、南欧イタリア、スペイン、東欧ルーマニア、ハンガリー、チェコ、ポーランド、ロシア等、要するにヨーロッパ全域の他、東洋ではトルコ、インド、日本等、また北米と中南米、さらにアフリカを挙げている[3]。

まさしく全世界的な分布を示す昔話「歌う骨」の魅力は、恐らく、死後もなお人間のかたちを久しく留める骨の持続力および一種謎めいたその特性と密接に関連しているように思われる。実際、骨は物語の中で、生（この世）と死（あの世）を連絡する重要な役割を演じ、聴き手（読者）は、骨に導かれて、不可思議な世界へ誘い込まれてゆく。

本稿では、「歌う骨」タイプの類話を幾つか読みながら、骨の神秘について考えてみたい。テクストとしては、グリム兄弟編『子供と家庭の童話集』Brüder Grimm: Kinder- und Hausmärchen（以下、ＫＨＭとも略記）二八番「歌う骨」[4]と日本昔話「踊る骸骨」[5]を東西の両極に据え、地理的な中間地点として、インドおよびイタリア・シチリア島の民話を取り上げ、続いて、骨に関する神話・伝承を数篇覗いたあと、ふたたびＫＨＭの四七番「ねずの木の話」を読みながら、骨の民間信仰、とりわけ、骨と輪廻転生の思想との関わりに触れてみることにしたい。

Ａ「歌う骨」（ドイツ／日本）

初めに、西欧ドイツと日本の「歌う骨」類話を幾つか紹介する。グリム兄弟編『子供と家庭の童話集』ＫＨＭ二八番「歌う骨」Der singende Knochen（図6）は次のような内容である（要約）。

1「歌う骨」（ドイツ）

昔々、ある国で猪が暴れ困っていた。畑を荒らし、家畜を殺し、牙で人間を襲った。

図6　「歌う骨」挿絵、オットー・ウッベローデ、1907年

王様は大きな褒美を約束したが、猪は大きく強く、誰も森に近づけなかった。王様は遂に猪を退治した者に一人娘を妻にやると布告した。

この国に二人の兄弟が住んでいた。貧しい男の息子たちで、猪退治を引き受けると申し出た。兄は狡猾で高慢心から、弟は無邪気で善良な気持からそれを申し出た。獣を見つけるには各自反対側から森に入るがよい、と王様が言い、兄は日の沈む方角、弟は日の出る方角から出発した。弟がしばらく行くと、小人が出て来て、お前の心は邪気がなく善良だからと言って黒い槍をくれた。弟は小人に礼を言い、槍を担いで行くと、猪が突進して来た。彼は槍で怪物を退治し、それを肩に担いで家路に就いた。

森の反対側に出ると、一軒の家があり、人々が踊ったりワインを飲んだりしていた。そこで景気づけに一杯飲んでいた兄は、弟が獲物を担いで森から出て来たのを見て、嫉妬心と悪心が湧き、弟に一杯やって休むように言った。兄は夜まで弟を引き留め、一緒に出掛けた。暗闇で小川の橋を渡る時、兄は弟を先に行かせ、背後から突き落として殺した。弟を橋の下に埋め、兄は猪を王様のところへ担いで行き、自分が仕留めたと申し出て王女を妻にし、弟は猪に引き裂かれたにちがいないと語った。

しかし神の前では何事も隠し通すことは出来ず、犯行は明るみに出ることになる。年月が経過し、一人の羊飼いが群れを追って橋を渡ったとき、下の砂の中に白い骨を発見した。それで角笛の歌口を作って吹くと、骨が独りで歌い出した。「ああ、羊を飼うお方、／あなたは私の骨を吹く、／私の兄は私を殺し、／橋の下に埋めました、／……」

羊飼いは不思議な角笛だと思い、王様のところへそれを持って行くと、角笛は同じ歌を歌った。王様は事の成り行きを察知し、橋の下の地面を掘らせた。すると骸骨が出た。悪い兄は袋に縫い込まれ、生きながら水に沈められた。殺害された弟の遺骨は教会墓地の墓に安置された(6)。

一八一二年の初版以来、KHM二八番に収録されている「歌う骨」は、カッセル（ニーダーヘッセン）出身のドルトヒェン・ヴィルトから、同年一月、ヴィルヘルム・グリムが聞き書きしたもので、初版の三人兄弟は、第二版（一八一九年）以降、二人兄弟に書き改められた（H・レレケ注(7)）。

第三版第三巻の「原注」Originalanmerkungen（一八五六年）には、本話以外に五篇の類話と古いスコットランド歌謡も紹介されている(8)。後者では、「溺死させられた妹の胸骨から竪琴弾きが竪琴を作ると、それが独りで演奏を始め、罪を犯した（殺した）姉に禍あれと叫ぶ」（スコット『吟遊詩人の歌』(9)）。「原注」は他に、フェロー諸島（アイスランドとイギリスの中間に位置）の歌謡―竪琴の弦が殺害された女性の毛髪から作られる―、エストニアの民謡、そしてセルビアの昔話―ニワトコから作られたフルートが秘密を告げる―、最後に、南アフリカ・ボツワナの昔話を類話として挙げている[10]。ドイツ語圏や他のヨーロッパ地域の「歌う骨」ばかりではなく、南アフリカにまでグリム兄弟の視界が及んでいることにあらためて驚かされるが、注目されるのは、犯罪（殺人）を暴くのが、人間の身体の一部（骨／毛髪）から作られた楽器（角笛／竪琴／フルート）であることだ。身体と楽器の内密な関係が、真実を暴露する契機となっているのである。

ところで、「歌う骨」はわが国にも伝承されている。いわゆる「歌い骸骨」タイプ[11]がそれであるが、本稿では先ず、稲田浩二編『日本の昔話』（上）から有名な「踊る骸骨」を紹介したい（要約）。

① 「踊る骸骨」（日本／新潟県長岡市）

昔、山方《やまがた》の村に六べえと七べえの仲良しがいた。二人は仕事を求めて里方へ旅稼ぎに出掛けた。三年間働き、真面目な六べえは金を貯め、怠けた七べえは土産も買えなかった。六べえが七べえの分まで買って山の村へ帰る途中、谷に架かる一本橋に来た。六べえが七べえに先に渡るように言うと、七べえは、金も荷物も持ってやるからお前が先に渡れと言った。素直な六べえが金と荷物を七べえに預け、橋の中ほどに行くと、七べえは六べえを橋から突き落とした。六べえは深い谷底に落ち死んだ。七べえは六べえの金と荷物を盗み村へ帰り、六べえは旅の帰りに一本橋から落ちて死んだと語った。

こうして一年、村にいた七べえは盗んだ金を使い果たし、ふたたび里へ働きに出た。一本橋に来ると、ガッタ、ガッタ、ガッタ、ガッタと音がして、後ろを見ると、真っ白い骸骨が、七べえと呼ぶ。気味が悪く逃げようとすると、骸骨は、おらは六べえだ、おれを一緒に連れて行ってくれたら金儲けをさせてやる。骸骨姿で踊るから見世物にして金を取れ、と言う。七べえは喜んで六べえの骨をたたみ風呂敷に包んで稼ぎに出掛けた。踊る骸骨が珍しく、皆は金を出してそれを見た。七べえが、今度は、自分の村で骸骨踊りを見せた。すると骸骨が、おらは七べえに殺された六べえだ、七べえに一本橋で谷底へ突き落とされ、金も荷物も盗られてしまった、と真実を語った。村の衆は怒って七べえを殺した。いきがポンとさけた。(12)

グリム童話「歌う骨」(KHM二八)のような楽器/角笛という媒体によってではなく、殺された人物(六べえ)自身の骸骨踊りが、闇に葬られた犯罪/殺人を世人に暴露し、犯人(七べえ)は、「歌う骨」の兄同様、処刑される。ここでは、歌に代わって、踊りが復讐の手段となる。そして骨/骸骨自身が真実を明るみにもたらす。

日本版「歌う骨」にはもう一つ、「継子と笛」タイプのものがある。西欧版と同様、楽器が絡んだ話である。

②「継子と尺八」（佐賀県神埼郡）

昔、竹子と梅子という姉妹がいた。父親は商人で、母親は再婚した継母だった。ある日父親が子供を頼んで、商用で京に出掛けた。姉妹は父親に鏡などお土産を注文した。留守中、母親は二人を苛めた。ある日、竹子に風呂を焚かせ、竹子は破れた笊《ざる》で水を汲まなければならなかった。困った彼女から事情を聞き、托鉢の坊さんが彼の衣の裾を切って笊にのせてくれた。お陰で風呂に水は溜まったが、母親は風呂を熱くし、その中に竹子を押し込んで殺し裏の竹林に埋めた。妹の梅子は何も知らずにいた。埋めた所に竹が生えた。

ある日、虚無僧《こむそう》が尺八を吹いて来た。梅子が米をあげると、虚無僧は裏の竹を見て、母親に相談し、竹子の墓から生え出た竹を買った。彼が竹で尺八を作ると、母親は東の方角には吹かないでくれと言った。虚無僧は不審に思って、敢えて東に向けて尺八を吹いた。すると、商用中の父親の耳に、京の鏡は何になる、と聞こえた。父親が飛んで帰り、竹子は何処かと訊くと、母親は余所へ行っていると答えたが、最後は白状した。父

親は怒って墓を掘った。はじめに先妻がいて、さらに掘ると、その下に竹子がまだ生きていた。(13)

継母に殺された竹子の墓（骨）から竹が生え、虚無僧がそれで尺八を作って吹くと、その音色が異郷の父親のもとに届き、継母の悪事が暴かれる。骨は竹に転生し楽器となって真実を明るみにもたらすのだが、殺された竹子は、メルヘン風に、生き返る。「踊る骸骨」では、殺された人物の骨自身が殺人者に復讐するが、右の物語では、犯罪の暴露に楽器（尺八）が介在することによって、全体の印象は憂愁を帯びた西欧のバラード調に近くなっている。

2 話型について

以上、ドイツと日本の「歌う骨」タイプの昔話を見てきたが、ここで一度、「歌う骨」の話型を整理・確認しておきたい。序でも触れたように、アールネ／トンプソンの『昔話のタイプ』（初版／一九二七年、第二版／一九六一年）は、「本格昔話」Ordinary Folk-Tales B「宗教的物語」Religious Tales の七八〇番に「歌う骨」The Singing Bone を分類し、その要件を、「兄が弟（妹）を殺し、大地に埋める。羊飼いがその骨から笛を作り、それが秘密を明るみにもたらす」[14]。KHM二八番「歌う骨」はまさしくこれに合致する。

ATに準拠した池田弘子編『日本民間伝承のタイプとモティーフ索引』A Type and Motiv Index of Japanese Folk-Literature by Hiroko IKEDA（FFC二〇九／一九七一年）は、同じく七八〇番に「歌う骨……歌い骸骨／枯骨報恩／野晒し」The Singing Bone…Utai Gaikotsu; Karehone Hooon; Nozarashi を分類し、その構成要素として次の四件を挙げる。

1「殺人」Murder、2「歌う骸骨」The Singing Skull、3「殺人が暴かれる」Murder Revealed、4「感謝する死者」The Grateful Dead[15]。

池田はATの要件に、4として「感謝する死者」を加えたわけである。いわゆる「枯骨報恩」を日本に固有の要素と認めたのである。以上が国際標準である。

一方、わが国では、先ず柳田国男が『日本昔話名彙』（初版／一九四八年）の中で、「歌い骸骨」を「派生昔話」の「因縁話」に、「継子と笛」を「完形昔話」の「まま子話」に分類した[16]。続いて関敬吾は『日本昔話大成』（初版／一九七八年）において、「本格昔話」一〇「継子譚」（二一八）に「唄い骸骨」（「踊る骸骨」を含む[17]）、また同じ「継子譚」（二一七）に「継子と笛」を分類し、「枯骨報恩」は「本格昔話」一二「動物報恩」（二三六）に数え入れて

いる。(18)

整理すると、「歌う骨」は、アールネ／トンプソンでは「宗教的物語」、柳田では「因縁話」といった具合に、広義の宗教譚に分類し、関は「歌う骨」タイプの物語を「継子譚」と「動物報恩」に分別していることが分かる。ちなみに、池田も、関と同様、「報恩」を日本型七八〇番の基本要素と見做している。

以上、分類法の相違は、ヨーロッパおよび日本の「歌う骨」の源流を探ることで、分岐の理由が少し明らかになるように思われるが、その前に、地理的に西洋と東洋（極東）の中間に位置するインドと南欧（イタリア）の類話を読んでおくことにしたい。

B 「歌う骨」類話（インド／イタリア）

比較考証のために、前章で見たドイツと日本以外の例として、先ず、インドの民話を紹介する（『世界の民話』「パンジャブ」／関楠生訳(19)（要約）。

1 「笛を吹く骨」（インド／パンジャブ地方）

昔むかし、両親に死なれた少年が、叔父の許で羊飼いをしていた。少年は退屈なので小さな笛を作って吹き、上手になった。そのため荒野の獣が集まり耳を傾けた。中に一頭の狼がいた。太った羊に食欲をそそられ、少年にお前を食うか羊を食うか尋ねた。少年が叔父に訊くと、青白い少年と太った羊を見比べて、叔父はお前だと少年に言った。

翌朝、羊飼いの少年が牧場に行くと、狼が来て、少年を食べるか羊を食べるか尋ねた。少年が叔父の答えを言うと、狼は少年に同情し、食べたあと何かしてやろうと言った。少年は狼が彼を食べたら、十字路の木に、笛と一緒に、彼の骨を下げてくれと頼んだ。狼は少年を食べたあと、約束を果たした。

数日後、盗賊たちがそこを通りかかり、分け前をめぐって争い木の下に座っていると、骨が風に揺れ笛を演奏した。「狼がぼくを食った／叔父さんがぼくを忘れた／さあ、笛を吹き鳴らせ」。骨が一人の盗賊の頭を打つと、盗賊たちは慌てて逃げ出した。

ある日、王様が猟に出掛け、例の木の傍を通った。多くの獣が骨の演奏に聞き入っているのを見て喜び、大きな網を張らせ、ライオン、狐、兎等々を捕え木の下で休んでいると、骨が揺れ笛を演奏した。王様は美しい音色を聴き、従者に誰が演奏しているのか尋ねた。笛吹きは見当たらないと従者は答え、王様は眠りに落ちたが、また笛の音で目覚め、特別な鳥かと思い木に登って捜した。そして木の枝に下がって揺れる小さな骨を見つけた。王様は笛吹きの名人(骨)に呼びかけ、娘たちのためにお前が欲しいと言うと、骨は自由の身でいたいと答えて、一番高い枝に飛び移った。王様は言った、多くの獲物を持って帰ろう、色褪せた骨は何の価値もない、と。以後、骨は二度と姿を見せなかった。ただ時々、十字路を通る人の耳に例の笛の音が聞こえた[20]。

本話が採集されたパンジャブ（Pandschab［独］／Punjab［英］）は、ヒンズー語で「五つの河の地方」を意味し、インド北西部からパキスタン北東部にかけて拡がるインダス河上流の肥沃な農耕地帯である。古代インダス文明（紀元前三〇〇〇年頃）の発祥地として知られる当地方は、紀元前一四〇〇年頃から移住した最初期のアーリア人の故郷であり、インド＝ヨーロッパ語族の源流でもある[21]。「笛を吹く骨」はこの地方の民話である。

孤児となり叔父に育てられた少年は、自分で作った笛を吹きながら羊飼いの仕事をしていたが、狼に食われて骨となり、木の枝に下がって笛を吹く。少年の境遇を訴えるその歌は、KHM四七番の「ねずの木の話」を想わせるが（後述）、何とも言えない哀愁を帯びている。羊よりは少年を狼に供与する叔父の冷酷さ、少年の遺言を叶えてやる狼の温情が見事に対比され、分け前を争う盗賊たちや王様の気まぐれも、妙にリアルに世の中の現実を反映している。笛を吹き動物と親しみ、死後も自由を愛する少年の姿とは対照的である。

民話「笛を吹く骨」は、KHM二八「歌う骨」や日本の「踊る骸骨」と比べて、善悪の観念以前の、あるいはそれを超えた、何か素朴で原初的で哀感ある余韻を残し、ある意味、バラード風の趣がある。

次に紹介する南欧イタリアの「孔雀の羽」（カルヴィーノ『イタリア民話集』下／河島英昭編訳[22]）も、「笛を吹く骨」同様、歌が物語の中で絶妙な効果を挙げる民話である（要約）。

2 「孔雀の羽」（イタリア／シチリア島）

ある王様が盲目になった。どの医者も治療できずにいたが、一人の医者は孔雀の羽が唯一の薬だと言った。王様は三人の息子を呼び、孔雀の羽を持ってきた者に王国を譲ると告げた。そこで息子たちは旅に出た。上の二人はすでに大きく、末の息子は小さかった。森の木の枝で眠ったあと、末の弟が最初に目を覚ますと、森の奥から孔雀の鳴き声が聞こえた。弟が近づき、泉で水を飲んでいると、空から一枚の羽が落ちて来た。弟が孔雀の羽を取って来ると、兄たちは嫉妬心から弟を殺し死体を埋めた。彼らは父親の許に帰って孔雀の羽を渡した。それを目に当てると、王様の眼は恢復した。王様が弟のことを尋ねると、森の恐ろしい獣に捕らわれたのだろうと兄たちは答えた。

その後、弟が埋められた地面から美しい葦が生えた。羊飼いがそこを通り、葦笛を作った。息を吹き込むと、葦笛は歌い出した。「おお、ぼくを握ってくれた羊飼いよ、

／そうと吹いておくれ、心は苦しんでいるのだから。／孔雀の羽のためにぼくは殺されてしまった、／裏切者はぼくの兄だった」。羊飼いはその不思議な葦笛で稼ごうとナポリの町へ行った。笛を吹くと、王様が窓から顔を出し、音色に聴きほれ、羊飼いを呼び寄せた。羊飼いが王宮で葦笛を吹くと、王様も自ら笛を吹いた。笛は「おお、ぼくを握ってくれた父上よ、／……」と奏でた。女王が吹くと「おお、ぼくを握ってくれた母上よ」と歌い、二男が嫌々吹くと「おお、ぼくをつかまえてくれた兄上よ」と歌った。最後に王様が長男に命じると、「おお、ぼくを殺してくれた兄上よ」と声が響いた。その言葉を聞いて父親は倒れ伏し、お前たちが弟を殺したのかと叫んだ。二人の兄は火焙りとなり、王様は宮廷の奥で、毎日、悲しげに葦笛を吹き鳴らした。(23)

右の民話はイタリアのシチリア島中央部カルタニセッタ近郊で採集されたものである。冒頭部分はKHM九七「生命の水」(24)と似ているが、その後の展開は、微妙に変化する葦笛の歌とともに、終結部へ向かって一歩一歩緊張が高まってゆく。抒情性と緊迫感が絶妙に組み合わさされたバラード調のこの民話について、編者イータロ・カルヴィーノはこうコメントする。「挽歌の憂愁を伴ってこれが世界じゅうについてまわるのは、調べが葦笛から生まれるためであり、しなやかな変身を経て、殺された若者の魂の転生が物語られるからだ」。なおカルヴィーノは、骨から作られた笛を、多くの例に倣って、葦笛に差し替えたと断っている[26]。

インドの「笛を吹く骨」、イタリアの「孔雀の羽」、いずれも音楽（歌）が重要な役割を演じ、最後に哀愁を帯びた余韻を残す点が共通している。また前述KHM二八「歌う骨」と「孔雀の羽」は、前者が人骨から作られた笛、後者が骨の生まれ変わりの葦笛が、それぞれ殺人の真実を告げている。日本の昔話「継子と笛」はこのタイプに属している。

C　骨の神話・伝承

ドイツと日本、インドとイタリア、いずれの「歌う骨」タイプも、題名通り、骨が物語の核になっていることが明らかとなったが、イタリア民話「孔雀の羽」の「原注」の中で、編者カルヴィーノは興味深いコメントを書いていた。殺された若者（末の弟）の「魂の転生」である。この問題に触れる前に、布石として、本章では骨の神話・伝承を幾つか覗いておくことにしたい。

1　『日本霊異記』

八二二年頃成立したと言われる日本最初の仏教説話集、景戒編『日本霊異記』（『日本国現報善悪霊異記』）(27) 上巻第十二「人・畜《けもの》に履《ふ》まれし髑髏《ひとかしら》の、救ひ収めらえて霊《あや》しき表《しるし》を示して、現に報いし縁」は次のような内容である（要約）。

高麗の留学僧であった道登は元興寺《がんこうじ》の僧で、昔、大化二年（六四六年）、宇治橋をかけるために往来していたとき、髑髏《どくろ》が奈良山の谷間で人や獣に踏まれていたのを見て哀れみ、従者の万呂に命じて髑髏を木の上に置かせた。同年の大晦日の夕方、ある人が寺門に来て、聖の慈悲に報いたいと言って、万呂をある家に案内した。その人は供物を万呂に分け、二人で食事をしていると、夜半、男の声がした。私を殺した兄が来そうなので早く帰りましょうと、その人が言うので、万呂が理由を尋ねるとこう答えた。昔、私は兄と商いに出掛け銀を大いに稼いだが、それを妬んだ兄は私を殺して銀を奪った。それから幾久しく私は人や獣に踏まれていた。それを道登上人様が救って木の上に安置させて下さった。今夜はその恩返しした、と。その時、母と兄が大晦日の魂祭りに入って来て、万呂を見て驚いた。万呂が説明すると、母は兄を罵った。万呂は帰って道登にそれを報告した。「夫《そ》れ、死霊・白骨すら尚猶《なほ》し此《か》くの如し。何《いか》に況《いはむ》や、生ける人、豈《あに》恩を忘れむや[28]」。

兄弟が商売に出掛け、弟が儲けたのを兄が妬んで殺して埋める。しかし骨となった弟の霊が後に兄の犯行を告げるという話は、日本昔話「踊る骸骨」を想起させる。「踊る骸骨」は、ちなみに、KHM二八「歌う骨」と設定が似ていたが（第一章）、『日本霊異記』の右の物語では、それらとは対照的に、殺人犯の兄は真実を知った母親に罵られるだけで、具体的な罰は受けておらず、恩を忘れるな、という説教が最後を締めくくる。

『日本霊異記』にはもう一篇、類似の話が収められている（下巻第二十七）[29]。そこでも、盗賊の伯父に殺された人物の髑髏が、目の穴に生えた竹の子を抜いてくれた人を晦日の食事に接待する。上巻第十二と同様、いわゆる「枯骨報恩譚」である。「話型について」で見たように、日本版「歌う骨」（七八〇番）の構成要素として、池田弘子は「感謝する死者」を追加したが、実際、「踊る骸骨」タイプとは別に、わが国には「報恩」に力点を置いた話も流布している[30]。いずれにせよ、『日本霊異記』では、骨となった死者が、生者の恩（樹上への安置／竹の子の抜き取り）に霊となって報いている。骨に魂が宿るという観念あるいは信仰がこれらの物語の根底になっていることは明白である。『日本霊異記』の範例として、中国の『敦煌変文集』所収の「捜神記一巻」が指摘されているが[31]、その成立時期は四世紀から六世紀にかけてと言われる。古代の伝承に「歌う骨」タイプは繋がっているようである。

2 「エゼキエル書」（『旧約聖書』）

骨に関する神話・伝承の中で興味深いものの一つに『旧約聖書』「エゼキエル書」がある。この預言書の第三十七章には次のように記されている（「　」は引用）（要約）。

私（エゼキエル）は主の霊に連れ出され、ある谷の真ん中に降ろされた。そこは骨で満ち、谷の上にも多くの骨があったが、甚だしく枯れていた。主は私に言われた、「これらの骨に向かって預言し、彼らに言いなさい。枯れた骨よ、主の言葉を聞け。これらの骨に向かって、主なる神はこう言われる。見よ、わたしはお前たちの中に霊を吹き込む。すると、お前たちは生き返る。わたしは、お前たちの上に筋をおき、肉を付け、皮膚で覆い、霊を吹き込む。すると、お前たちは生き返る」。私が命じられた通り預言すると、カタカタ音がして骨が近づき、骨の上に筋と肉が付き、皮膚がそれを覆い、霊が吹き込まれた。すると彼らは生き返り、自分の足で立ち、大きな集団となった。主は言われる「これらの骨はイスラエルの全家である」と。(32)

紀元前五九七年、ネブカドネツァル二世はイスラエルの民をバビロンに拉致したが、その中に預言者エゼキエルがいた。彼はバビロンで召命を受け、民族の再興を希求し幻想的に未来像を描き出した[33]。右の第三十七章は、骨からの再生のイメージを駆使して、イスラエルの回復を語っている。ルターの独語訳では「骨」は Gebeine、「枯れた」は verdorrt で、枯骨報恩ならぬ枯骨再生がここでは主題となっている。イスラエル民族全体を「枯骨」と呼び、そこに生命を吹き込む主の「霊」Odem をエゼキエルは称えて止まない[34]。紀元前六世紀にはすでに、骨からの復活への信仰は語られていたのである。

3 『エッダ』

古代北欧歌謡集『エッダ』にも、骨からの再生は神話として記録されている。アイスランドの詩人・歴史家スノリ・ストゥルルソン Snorri Sturluson（一一七八―一二四一年）の『エッダ』（散文エッダ）「ギュルヴィたぶらかし」第四十四章には次のように書かれている。

トゥールが山羊にひかせた車にのり、ロキという名のアース神も同乗していた。彼らは晩方、ある百姓のところにきて、宿をとった。そしてその夜、トールは山羊をつかまえて二頭とも殺した。それから皮を剥いで鍋のところまで運び、料理ができあがると、連れの者と一緒に夕食の席についた。トールは山羊の皮を火のそばにひろげ、百姓とその家族に、骨を山羊皮の上に投げるようにといった。トールはその夜そこに泊った。そして翌朝まだ明けやらぬうちに起き、衣服をつけ、槌ミョルニルを手にとって振り上げ、山羊皮を浄《きよ》めた。すると、山羊たちは立ち上がった」(谷口幸男訳[35])。

雷神トールが人々に命じて山羊皮の上に山羊の骨を投げさせたのは、後で浄めて山羊を復活させるためであった。骨を完全なかたちで残すことによって、生命体を再生させるという信仰、これは様々な民族に見られるもので、例えば、狩猟民族は捕獲した動物の骨を壊さずに土に帰す風習があると言われる(『図説 世界シンボル事典』[36])。

『旧約聖書』「エゼキエル書」では人間(民族)の骨からの復活が描かれていた。右の『エッダ』では動物もやはり骨から復活すると語られる。骨が生命力の源であるという信仰は、時代や民族を超えて、広く浸透しているようだ。この民間信仰は、実は、グリム童話にも明確に現れている。

D　小鳥転生譚

一八一二年の初版以来、グリム兄弟編『子供と家庭の童話集』KHM四七番に収録された「ねずの木の話」Von dem Machandelboom は、骨のモティーフの観点からも印象深い昔話である。バルト海沿岸ポンメルン出身の画家フィリップ・オットー・ルンゲが、一八〇六年、ハンブルクで方言（低地ドイツ語）のまま書き留めたメモに拠っているが、[37] KHM第七版を要約すると次のようになる。

1　「ねずの木の話」（KHM四七）

二千年も昔、金持ちに美しい妻がいたが、子供はいなかった。ある日、庭のねずの木の下で妻が林檎の皮をむいていたとき、指を切り、血が雪の上に落ちたのを見て、彼女は血のように赤く雪のように白い子供がいたらと願った。やがてねずの木に実がなり、それを食べた妻は気が沈み病気になった。八か月が経ち、妻は夫に、自分が死んだらねずの木の下に葬ってくれるように頼んだ。九か月が過ぎ、彼女は男の子を産んだが、喜びのあまり死んでしまった。

しばらく後、夫は再婚した。二度目の妻に女の子が生まれ、彼女は先妻の男の子を苛め始めた。妻に悪魔が乗り移り、あるとき、彼女は大きな箱から男の子に林檎を取らせ、重い蓋を勢いよく閉じてその首を落とした。白い布で首を胴体に固定し、手に林檎を持たせて椅子に座らせた。何も知らない娘のマリアが林檎を欲しがったとき、母親は娘に兄の耳を打たせ、マリアが首を落としたかのように仕組んだ。そして、男の子の肉を刻みスープを作った。父親が帰宅し、息子の行方を尋ねると、母親は大伯父のところへ行ったと言った。父親は知らずに息子の肉スープを美味しそうに食べ、マリアは父の投げた骨を絹の布に包んでねずの木の下に置いた。すると木から靄が出て鳥が現れ消え、骨も消えた。鳥は金細工師の家の屋根で歌った。「お母さんがぼくを殺した、／お父さんがぼくを食べた、／妹のマリアが、ぼくの骨を捜し、／絹の布に包んで、／ねずの木の下に置いた。キーウィット、キーウィット、何てきれいな鳥だろう、ぼくは」。鳥は金細工師から黄金の鎖をもらい、靴屋の屋根で同じ歌を歌って赤い靴をもらい、粉挽き場では石臼をもらった。鳥は父親の家に行き歌った。母親にはその歌が嵐のように聞こえた。鳥は父親に鎖、妹に赤い靴をプレゼントしたが、母親の頭には石臼を落とした。父と妹が外に出ると靄と火が上って消え、兄がそこにいた。三人は大喜びで食事をした。(38)

冒頭、「二千年も昔」と珍しく具体的な年号が記された右の昔話は、ボルテ／ポリフカの注釈書によると、ドイツ語圏以外に、北欧デンマーク、スウェーデン、フィンランド、またスコットランドとイギリス、ロマンス語圏のフランス、イタリア、スペイン、ルーマニア、さらにスラヴ語圏のチェコ、スロヴァキア、ロシア、そしてラトヴィア、エストニア等々、ヨーロッパ全域に広く伝承されている[39]。

題名となっている「ねずの木」Machandel / Wacholder（柏槙／杜松）は、ヒノキ科の灌木で、常緑の固い針葉をつけ、紫黒色の実はアロマや薬用に用いられる。ラテン語名juniperus は「若返り」を意味し、老木は小枝が垂れ下がり大木になる。ドイツではすでに古代ゲルマン時代から知られ、崇拝されてきた植物のようだ。民間では特に、悪魔、魔女、悪霊といったデーモンから人間を守る樹木として親しまれてきた[40]。KHM四七には、ねずの木のそうした特性と民間信仰が色濃く反映されている。

物語の中で、主人公の男の子を産んですぐに亡くなった実母は、自らの意思でねずの木の下に埋葬された。継母に殺され、父親に（知らずに）食べられた男の子の骨は、妹によって、ねずの木の下に置かれた。するとそこから靄が出て小鳥が飛び立った。守護霊となった母親＝ねずの木に抱かれて、男の子は小鳥に変身したのである。この小鳥転生譚は、イタリア民話「孔雀の羽」を想起させる。そこでは、兄たちに殺され埋められた弟が眠る土の中から葦が生え、その葦で羊飼いが笛を作って吹くと、笛は兄たちの犯罪を歌で告げる。カルヴィーノはこれに関して「魂の転生」を語った。骨から葦へ、葦から笛へと転生しながら弟の魂は死後も生き続けるのだが、「ねずの木の話」の場合、魂は小鳥へと変身する。

死者の魂が鳥となって大空を飛翔する「魂の鳥〔＝霊鳥〕」Seelenvogel の観念あるいは信仰は、『ドイツ俗信辞典』[41]によると、インド＝ゲルマン（ヨーロッパ）語族に共通しているばかりではなく、中国、インドネシア、メラネシア、アフリカそしてアメリカでも確認されるという。ドイツの民間信仰において、鳥は霊的かつ予言的な存在で、死の使者でもある。古代キリスト教美術でも、鳩は天国へ飛翔してゆく死者の魂を表現する。[42]

人間の魂が、死後、肉体から離れて、他の存在（動物、植物、人間等）に生まれ変わるという観念、いわゆる輪廻の思想は、古代インドにおいて有名だが（ウパニシャッド時代以後は、輪廻転生を断ち切る解脱が重要となる）[43]、同思想は、インドのみならず古代ギリシア、特にピュタゴラスやプラトンにも見られ[44]、またヘロドトスも『歴史』の中で、エジプト人の輪廻観について語っている。[45]

KHM四七「ねずの木の話」は、時代を敢えて明示し「二千年も昔」の物語として紹介されていたが、その中の小鳥転生の挿話には、以上のような古代の輪廻思想が反映しているのかも知れない。想起されるのは、KHM二一「灰かぶり」Aschenputtel[46]の場面である。父親から土産に「はしばみの若枝」をもらった女主人公は、それを亡き母の墓に植える。はしばみHaselは、ドイツの民間信仰において、ねずの木と同様、人々を保護する聖木として崇拝されてきた植物である[47]。灰かぶりが大切に育てたはしばみの木は大きくなり、そこに「白い小鳥」が飛んで来て、彼女が必要とするものを投げ落としてくれる。母のイメージは、聖木（はしばみ）とも小鳥とも重なり合い、超自然の援助者となって愛娘を苦境から救ってくれる。KHM二一「灰かぶり」の亡母は、KHM四七「ねずの木の話」の亡母ともども「魂の鳥」に転生したのである。これらの昔話の背景に小鳥転生の輪廻思想が息づいているのは明らかだ。

結び

「歌う骨」は世界中に分布する昔話だが、その起源に関しては、従来、様々な説が提示されてきた（『昔話百科事典』[48]）。中でも、ドイツの口承文芸学者ルッツ・マッケンゼンのフランドル説（FFC四九／一九二三年）とフィンランド学派のカールレ・クローンのインド説（FFC九六／一九三一年）は有名だが、他にも、スラヴ地域（ヴェンド／ポーランド／ウクライナ）のバラード説、イギリスおよびスカンディナヴィアのバラード説等が唱えられた。[49]他方、伝承経路の拠点については、ヨーロッパとアジアの間に位置するコーカサスおよび東欧以外に、イランやシチリアの名が挙げられている。[50]

本稿では、インド・パンジャブ地方（「笛を吹く骨」）を中心に、その西側ではシチリア島（「孔雀の羽」）とドイツ（KHM二八「歌う骨」）の類話を見てきた。それらを概観して浮かび上がってくる特徴として音楽的要素を数えることが出来る。「笛を吹く骨」では、叔父に冷遇され狼に食べられて骨となった少年が、死後も笛を奏でる。「孔雀の羽」では、殺された一番下の弟が、葦笛となって兄たちの凶行を歌に歌い、グリム童話「歌う骨」では、殺された弟が骨となり笛となって兄の犯罪を歌で暴く。また同じくグリム童話「ねずの木の話」でも、殺された少年は鳥となって、継母の犯行を美しい歌声で告知する。歌の内容は衝撃的で、口承で流布していたその歌をゲーテが畢生の大作『ファウスト』Faust の印象的な場面で効果的に用いたことはよく知られている。[51]「歌う骨」のバラード起源説の根拠としてもそれは興味深いが、注目すべきは、昔話におけるこうした音楽的要素とその抒情性（美しい笛の音や歌声）が、殺害や復讐といった絶望的な内容を、ある意味、浄化していることだ。物語の中のこの音楽性は、そのカタルシス作用によって、重いテーマを昇華し、聴き手や読者に芸術作品としての「歌う骨」を味わわせてくれるのである。

一方、インドよりも東側の「歌う骨」に目を転じると、この昔話に関して、柳田国男は重要な発言を残している。曰く、「欧羅巴ではかなりもてはやされている昔話に、古風なる死人感謝譚(ル・モール・ルコンネッサン)というのがある。あるいはまた歌うたう骸骨ともいって、その死人が髑髏になって歌ったり過去を語ったりしたという話が多い。これなども『日本霊異記』の昔から、よく纏まった形で久しい間弘く我々の中には伝承せられていた。私はこの事実を解して、この種の説話が夙《はや》く神話信仰の時代を去り、一箇言語の芸術となってしまってから後に、この日本民族の間に運び込まれたことを、意味するものであろうかと思っている」。つまり、「歌い骸骨」は「成熟期を過ぎて、熟した果実として受用せられたもの」で、それ故「渡来後の変化が案外に少なかったのではないか」と柳田は推察する。(52)

今日、「歌い骸骨」(枯骨報恩)の起源として『敦煌変文集』「捜神記一巻」が有力候補の一つとして挙げられている。(53) 紀元後四~六世紀成立とされているものである。柳田が語るように、インド以東では、中国の影響下に、日本の枯骨報恩系の「歌う骨」(『日本霊異記』)が、最初から完成した作品として、伝承されたのであろう。仏教思想を反映して、そこではインド以西の音楽的「歌う骨」とは別種の説話が定着したと思われる。もちろん、わが国の「歌う骨」に音楽的要素がまったく欠如していたわけではない。「継子と笛」系統の昔話にその要素は窺われるからである。

ところで、「歌う骨」の魅力と迫力は、何と言っても、骨にある。死してなお久しく生物のかたちを留めるその耐久力と神秘性は、時代や民族を超えて、人々を惹きつけて止まない。ある時は、闇に葬られた真実（殺人）を歌に歌い、またある時は、己を安置してくれた人物に感謝し、さらに別の折りには、踊りを披露しながら密かに復讐計画を練る骸骨は、不滅のエネルギーを内に秘めて、絶えずその出没の機会を窺っている。

テクスト

＊Brüder Grimm: Kinder- und Hausmärchen, Ausgabe letzter Hand mit Originalanmerkungen der Brüder Grimm, 3Bde., hrsg. von Heinz Rölleke, Philipp Reclam jun., Stuttgart. Bd. 1/2, 1982, Bd. 3, 1983.（以下 Reclam KHM と略記）

＊「柳田国男全集」全三二巻、ちくま文庫版

注

（1）グリム兄弟編『子供と家庭の童話集』二八番「歌う骨」／稲田浩二編『日本の昔話』上「踊る骸骨」等（後述）

（2）Antti Aarne and Stith Thompson, The Types of the Folktale, Helsinki, 1987（1961, Second

Revision）（以下ATとも略記）
（3）ibid, p. 269.
（4）Reclam KHM, Bd. 1, S. 164-167（Der singende Knochen）
（5）稲田浩二編『日本の昔話』上、三〇〇―三〇三頁
（6）注（4）参照
（7）Reclam KHM, Bd. 3, S. 454-455.
（8）a. a. O., S. 55-56.
（9）a. a. O., S. 55-56.
（10）a. a. O., S. 56.
（11）関敬吾『日本昔話大成』5「本格昔話」四、角川書店、一九八一年、二七一―二七七頁
（12）注（5）参照
（13）稲田浩二『日本の昔話』上、三〇四―三〇六頁
（14）注（3）参照
（15）Hiroko IKEDA, A Type and Motiv Index of Japanese Folk-Literature, Helsinki, 1971 (FFC209), p. 183-185.
（16）『日本昔話名彙』柳田国男監修、日本放送協会編、日本放送出版会、一九七二年
（17）注（11）参照
（18）関敬吾『日本昔話大成』6「本格昔話」五、角川書店、一九八一年
（19）『世界の民話』「パンジャブ」小澤俊夫編／関楠生訳、ぎょうせい、一九八八年

(20) 前掲書、二三二―二三六頁
(21) dtv-Brockhaus Lexikon, Deutscher Taschenbuch Verlag, München, 1982, Bd. 13, S. 314.
(22) カルヴィーノ『イタリア民話集』下、河島英昭編訳、岩波文庫、二〇〇四年
(23) 前掲書、二五〇―二五四頁
(24) Reclam KHM, Bd. 2, S. 69-75 (Das Wasser des Lebens)
(25) 注(22)、三六〇頁
(26) 同、三六〇頁
(27) 『日本霊異記』全訳注/中田祝夫、講談社学術文庫、上/一九七八年、中/一九七九年、下/一九八〇年
(28) 前掲書、上、一〇六―一一一頁
(29) 前掲書、下、一九一―二〇〇頁
(30) 注(18)、一〇二―一〇六頁
(31) 『昔話・伝説必携』野村純一編、別冊國文學No.41、一九九一年、一二頁「歌い骸骨」/『日本昔話事典』稲田・大島・川端・福田・三原編、弘文堂、一九九九年、三三二―三三三頁「枯骨報恩」
(32) 新共同訳『聖書』、日本聖書協会、一九九四年、旧約聖書「エゼキエル書」一三五七―一三五八頁
(33) 『聖書百科全書』ジョン・ボウカー編著、荒井・池田・井谷監訳、三省堂、二〇〇〇年、二一二―二一五頁

(34) Die Bibel, nach der Übersetzung Martin Luthers, Württembergische Bibelanstalt, Stuttgart, 1968, S. 975–976.
(35)『エッダ—古代北欧歌謡集』谷口幸男訳、新潮社、昭和四八年、二六〇—二六一頁
(36) Handwörterbuch des deutschen Aberglaubens, hrsg. von Hanns Bächtold-Stäubli, 10Bde., Walter de Gruyter, Berlin/New York, 2000, (HdA), Bd. 5, S. 6–14. (Knochen)『図説 世界シンボル事典』ハンス・ビーダーマン著／藤代幸一監訳、八坂書房、二〇〇〇年、三九四—三九五頁
(37) Reclam KHM, Bd. 3, S. 462.
(38) Reclam KHM, Bd. 1, S. 239–248.
(39) Anmerkungen zu den Kinder- und Hausmärchen der Brüder Grimm, Neu bearbeitet von Johannes Bolte und Georg Polívka, Olms-Weidmann, Hildesheim/Zürich/New York, 1982, Bd. 1, S. 412–423.
(40) HdA, Bd. 9, S. 1–14. (Wacholder)
(41) HdA, Bd. 7, S. 1572–1577, (Seelenvogel)
(42)『西洋シンボル事典』—キリスト教美術の記号とイメージ、ゲルト・ハインツ＝モーア、野村・小林監訳、八坂書房、二〇〇七年、二四五—二四七頁（鳩）
(43) 井本英一『輪廻の話』—オリエント民俗誌、法政大学出版局、一九九一年、二一—三三頁
(44) HdA, Bd. 7, S. 1577–1580. (Seelenwanderung)
(45) 注（43）参照

(46) Reclam KHM, Bd. 1, S. 137–144.

(47) HdA, Bd. 3, S. 1527–1542.（Hasel）

(48) Enzyklopädie des Märchens, Handwörterbuch zur historischen und vergleichenden Erzählforschung. Begründet von Kurt Ranke, Walter de Gruyter, Berlin/New York, Bd. 12, 2007, S. 707–713.（Singender Knochen）

(49) a. a. O., S. 707–708.

(50) a. a. O., S. 711.

(51) Reclam KHM, Bd. 3, S. 78.

(52) 「柳田国男全集」10、一九九〇年所収、『桃太郎の誕生』一八―一九頁

(53) 注（31）参照

5

兄弟を捜す妹

六羽の白鳥／七羽の白鳥

序

柳田国男はかつて「驚くべき昔話の世界的一致」について語り、「二つの遠く離れたものが、かえって互いによく似通うていること」の不思議に注目を促したが[1]、口承文芸学の魅力の大きな部分は、確かにこの不思議議にある。例えば、グリム童話に収められている三つの昔話、すなわち「十二人兄弟」、「七羽の鴉」そして「六羽の白鳥」は明らかに同じタイプの物語群に属しているが、わが国で伝承されている「七羽の白鳥」は柳田の言う「世界的一致」の最たる例であろう。

A・アールネとS・トンプソンは『昔話のタイプ索引』The Types of the Folktale（以下ATと略す）の中で、四五一番として「兄弟を捜す少女」The Maiden Who Seeks her Brothers の項目を立て、世界中に分布する類話を紹介している[2]。グリム童話をはじめ、フィンランド、スウェーデン、エストニア、リヴォニア、リトアニア、ラップランド、ノルウェー、デンマーク、アイスランド、スコットランド、アイルランド、バスク地方、フランス、スペイン、イタリア、チェコ、スロヴェニア、ポーランド、ロシア、ギリシア、トルコ、インド、（フランス系／スペイン系）アメリカ（人）、西インド等である。ヨーロッパ全域のみならず、トルコやインド、また海を隔ててアメリカ大陸、西インド諸島にまでこの話は及んでおり、分布範囲が驚くほど広い。

ＡＴ四五一は「兄弟を捜す少女」となっているが、内容的に言えば、「兄弟を助ける少女」でもある。そう捉えると、実はわが国にもこの話は存在する。関敬吾編『日本昔話大成』五に収められた十「継子譚」二一四「七羽の白鳥」[3]、および『日本昔話通観』第六巻「山形」所収の「白鳥の兄たち」(三五四)、第二十五巻「鹿児島」所収の「継子と白鳥」(原題「七羽の白鳥」)(二九九)、および第二十七巻「補遺」所収の「白鳥の兄たち」(原題「十三羽の白鳥」)(沖縄)(一七九)がそれである。[4] 特徴的なのは、この話がわが国では山形県以外すべて南西諸島に集中していること、ヨーロッパではドイツ［六十話］、バルト海地方［約百五十話］、北欧および島国(フィンランド［四十話］、アイスランド、スコットランド、アイルランド［約百話］)に圧倒的に多いことである。[5]

何故「兄弟を捜す(助ける)少女」の昔話がヨーロッパでは特に北部や島国に、またわが国では南西諸島に多く伝わっているのか。そこには何か民俗学的な背景が潜んでいるのではあるまいか。本稿ではこの問題について少し考えてみたい。テクストは、前述したグリム童話を中心に、他のヨーロッパの昔話と日本の例を数篇選ぶことにする。

A　AT四五一／グリム童話

グリム兄弟（ヤーコプおよびヴィルヘルム）編の『子供と家庭の童話集』Kinder-und Hausmärchen（通称『グリム童話集』、以下KHMとも略す）（第七版）[6]は二百篇の昔話と十篇の聖者伝説から構成されているが、その中、「兄弟を捜す少女」タイプの昔話は三話収録されている。「十二人兄弟」Die zwöf Brüer（KHM九）、「七羽の鴉」Die sieben Raben（KHM二五）、「六羽の白鳥」Die sechs Schwäne（KHM四九）である。

『グリム童話集』は初版（一八一二／一五年）以来、幾度も（主にヴィルヘルムによって）改稿が行われ、最終第七版（一八五七年）まで様々な段階のテクストがあり、初版以前の原稿（エーレンベルク稿）も存在するが、右に挙げた三話は一貫してどの版にも収録されている。グリム兄弟がこのタイプの昔話を重要視していたことは明らかである。初めに、内容の紹介を兼ねて三話の粗筋を確認しておきたい。

1　「十二人兄弟」（KHM九）

十二人の息子を持つ王様がいた。王妃が十三人目に女の子を生んだときは、息子全員を殺して娘に王国を継がせよう、と王様は決心する。それを知った王妃は息子たちを森に逃がす。女の子が生まれ、美しい娘に育つ。ある日、彼女は偶然十二人分のシャツを見て、彼女に兄弟がいたことを知る。王女は十二人の兄たちを捜しに旅に出る。大きな森の中でようやく兄弟たちを見つけ、彼らと一緒に仲良く暮らすが、ある時、庭の花を十二本折った瞬間、兄たちは十二羽の鴉に変身して飛び去ってしまう。森のお婆さんから、兄弟を救うためには七年間口をきいても笑っても駄目だと王女は教えられ、その忠告を守る。森に狩猟に来たどこかの王様が彼女を見初め、城に連れ帰り妃とする。王女（＝妃）は例の忠告に従って何年間も沈黙を守る。その沈黙を悪意にとった王様の母親（＝姑）の訴えで、妃は危うく火刑に処せられそうになるが、ちょうどその時、七年が経過して、彼女は危機一髪で、兄の姿に戻った十二羽の鴉に救われる。姑は裁判にかけられ処刑される。(7)

2　「七羽の鴉」（KHM二五）

七人の息子を持つ男に待望の娘ができる。父親は息子たちに洗礼の水を取りに行かせるが、彼らは壺を井戸に落として帰って来ない。苛立った父親が「息子ども、みんな鴉になってしまえ！」と怒鳴ると、彼らは鴉になって飛び去って行く。娘は美しく育ち、ある日、兄弟たちが不幸な目に会ったこと（鴉への変身）を知り、彼らを捜しに旅立つ。世界の果てに辿り着き、暁の明星からガラス山を開ける雛の肢をもらった娘は、途中でその肢をなくし、自分の小指を切り、それでガラス山の門の鍵を開ける。中に入った娘は、食卓の皿に持参した指輪を入れ、それが目印となって、鴉（＝兄）たちは妹の存在を知り、人間の姿に戻る。彼らは無事、生まれ故郷に帰る。(8)

3 「六羽の白鳥」（ＫＨＭ四九）（図7）

昔、王様が森で狩りをして道に迷ったとき、魔法使いのお婆さんが来て、自分の娘を妃にしてくれたら道を教えると脅し、二人を結婚させる。王様はその娘（＝妃）を不気味に感じ、先妻との間の子供たち（息子六人、娘一人）を森の中の城に隠す。新しい妃はそれに気づき、魔法のシャツを作って森の城に出かけ、そのシャツを子供（息子）たちに投げかけると、彼らは白鳥に変身してどこかへ飛び去って行く。難を逃れた娘は兄たちを捜しに森の奥へ行く。丸太小屋で彼女は白鳥を見つける。すると白鳥は兄たちに変身する。彼らは毎晩十五分だけ人間の姿に戻るのである。兄たちは妹に六年間、沈黙を守り、菊の花でシャツを編むように頼む。妹は森の木の上でそれを実行する。ある時、その国の王様が娘を見つけ、城に連れ帰って彼女と結婚する。若い妃が一年後子供を生むと、王様の母親（＝姑）が子供を奪い、妃は人食いだと言いふらす。三度、姑は生まれた子を奪い、妃は遂に火刑を宣告される。その時、六枚のシャツを仕上げていた妃は、飛んで来た六羽の白鳥

図７　「六羽の白鳥」挿絵、ルートヴィヒ・リヒター（1803–1884）1850年

にそのシャツを投げかける。白鳥は兄たちに変身し、妃（＝妹）を救う。王様と妃と兄たちはその後仲良く暮らす。[9]

4　三話（KHM九／二五／四九）の物語構造

兄弟（十二人／七人／六人）と妹（一人）が主人公である。魔法／父の呪詛によって鳥（鴉／白鳥）に変身させられた兄たちを、妹が沈黙を守り／シャツを編み／ガラス山から救出するという一定した筋によって、「十二人兄弟」「七羽の鴉」「六羽の白鳥」の三話が同じ類型（「兄弟を捜す少女」）の昔話であることが分かる。旧ソ連の口承文芸学者ウラジーミル・プロップは、魔法昔話は筋の展開（＝動詞）を指標に構造分析が可能であることを証明したが（『昔話の形態学』[10]）、AT四五一に属するグリムの三話はその典型的な例である。

ところでこの三話には、民俗学的に見て、いくつか重要な要素が内在している。兄弟の動物への変身、沈黙を守る掟、森の奥／ガラス山での生活、等々である。これらの要素は互いに絡み合いながらAT四五一の物語圏を構成しているが、本稿では主に兄弟と妹の関わりに注目しながら、これら民俗学的要素を問うてみたい。その前に、グリム童話以外のヨーロッパの類話をいくつか覗いておくことにする。

B　AT四五一／ヨーロッパの類話

ライエン他編『世界の昔話』シリーズ（邦訳、ぎょうせい）[11]からAT四五一の類話を数例拾ってみたい。まずドイツの「狩人の娘と十二人の兄弟」[12]では、十二人の息子と末娘を持つ父親が王様ではなく狩人であり、この父親の呪詛による兄弟の動物への変身が、からすではなく鹿である点が「十二人兄弟」と異なるだけで、ストーリー展開は殆ど変わらない。

スイスの「三羽のからす」[13]は、グリム童話「七羽の鴉」の冒頭部分を欠いているが、後者にはない三年間の沈黙のモティーフを含んでいる。また後半ではガラス山への旅は語られず、「十二人兄弟」や「六羽の白鳥」と同じ展開となっている。（ちなみに、グリム童話の「七羽の鴉」は、初版およびエーレンベルク稿では題名が「三羽の鴉」である[14]。）

オーストリアの「七羽のからす」[15]では、七人の息子を呪詛したのは父親ではなく母親である。兄弟を捜しに旅に出た末娘は、森の小屋に住む恐ろしい主人（＝風）の援助によって、ガラスの（山ではなく）城に辿り着く。兄弟の鴉への変身、妹の七年間の沈黙、等はグリム童話と同じで、娘は風に忠告されて取っておいた鶏の骨で、ガラスの壁をよじ登り、指輪を目印に、七羽の鴉（＝兄たち）と再会する。

バルト海沿岸リトアニアの「九人の兄のいる妹」[16]では、兄弟は職業軍人である。一番上の兄は幼い妹に指輪を買う。成長した妹が母親からそれを聞き、兄たちを捜しに出かける。途中、魔女に会い、農園で兄たちを見つけるが、魔女が妹の服を着て彼女になりすまし兄たちに歓迎される。馬の会話と指輪から真実を知った長兄は魔女を懲らしめる（KHM八九「がちょう番の娘」の類話）。ここでは、妹は逆に救われる立場である。最後にアイルランドの「わたすげ三枚のシャツ」[17]。王様に三人の息子と娘（姉）が一人いる。妃が亡くなり、王様は娘を手元に置き、息子たちを姉妹に預けて再婚する。（途中略）。魔法でからすに変身させられた弟たちを、姉は一年間、無言でシャツを作って救う。王様との結婚、王様の母親（＝姑）の嫉妬、危機一髪の姉の救出、等、物語の展開は「六羽の白鳥」（KHM四九）と殆ど変わらない。

C　AT四五一（グリム童話とヨーロッパの類話）の構造とモティーフ

以上五話（ドイツ、スイス、オーストリア、リトアニア、アイルランド）の内容をグリム童話三話と比較すると、次の点が明らかとなる。（なお、アールネ／トンプソンはこのタイプ［AT四五一］の物語の展開を次の五項目に整理分類している。１「兄弟と妹」、２「兄弟の鴉への変身」、３「妹の探索」、４

「中傷された妻」、５「魔法の解除」）(18)。

一　兄弟と妹（「十二人兄弟」［ＫＨＭ九］十二人兄弟＋妹、「七羽の鴉」［ＫＨＭ二五］七人兄弟＋妹、「六羽の白鳥」［ＫＨＭ四九］六人兄弟＋妹／「狩人の娘と十二人の兄弟」［ドイツ］十二人兄弟＋妹、「三羽のからす」［スイス］三人兄弟＋妹、「七羽のからす」［オーストリア］七人兄弟＋妹、「九人の兄のいる妹」［リトアニア］九人兄弟＋妹、「わたすげ三枚のシャツ」［アイルランド］三人兄弟＋姉）

二　兄弟の変身／鴉（「十二人兄弟」［ＫＨＭ九］、「七羽の鴉」［ＫＨＭ二五］／「三羽のからす」［スイス］、「七羽のからす」［オーストリア］、「わたすげ三枚のシャツ」［アイルランド］）

兄弟の変身／白鳥（「六羽の白鳥」［ＫＨＭ四九］）

兄弟の変身／鹿（「狩人の娘と十二人の兄弟」［ドイツ］）

三　a探索／森（「十二人兄弟」［ＫＨＭ九］、「六羽の白鳥」［ＫＨＭ四九］／「狩人の娘と十二人の兄弟」［ドイツ］、「三羽のからす」［スイス］）

b探索／ガラス山（「七羽の鴉」［ＫＨＭ二五］／「七羽のからす」［オーストリア］）

四　a試練／沈黙（「十二人兄弟」［ＫＨＭ九］七年間、「六羽の白鳥」［ＫＨＭ四九］六年間／「狩人の娘と十二人の兄弟」［ドイツ］七年間、「三羽のからす」［スイス］三年間、「七羽のからす」［オーストリア］七年間、「わたすげ三枚のシャツ」［アイルランド］一年間）

b試練／シャツ（「六羽の白鳥」［ＫＨＭ四九］／「わたすげ三枚のシャツ」［アイルランド］ただ

し、沈黙を含む）

AT四五一の主人公は、兄弟と妹が八話中七話で、兄弟と姉は一話（アイルランド）のみである。動物への変身では、鴉が五話、白鳥と鹿はそれぞれ一例のみである。兄弟の探索は、森が四話、ガラス山（城）が二話、探索に伴う試練の中、沈黙は、全八話中、実に六話が数えられ、沈黙しながらシャツを作る試練（課題）は二話である。

以上を確認した上で、次の諸項目を検討してみたい。

AT四五一の人間関係は兄弟と妹（姉）を軸に展開されるが、このパターンが定着しているのは何故か？

AT四五一における動物への変身では鴉が多いが、白鳥への変身も含めると、鳥への変身が圧倒的に多いのは何故か？

AT四五一の妹が探索する森とガラス山はどのような場所か？

AT四五一において、妹が課される沈黙の試練（シャツ作りを含む）は何を意味するのか？

もちろんこれらの問いは互いに内密に絡み合っているのだが、その関連の糸を、以下、主に民俗学的要素に注目しながら辿ってみたい。

D　物語の発端／魂の死

グリム童話三話の冒頭部分は次のようになっている。「十二人兄弟」［KHM九］では、王様が十二人の息子の後に女の子が生まれたら、財産をその子一人に譲って、上の兄弟は皆殺させると宣言し、棺まで用意させる。成長した娘は兄たちを捜し森で見つけるが、庭の花を十二本折ると、兄たちは鴉になって飛び去る。「七羽の鴉」［KHM二五］では、息子を七人持つ男に女の子が生まれる。洗礼の水を取りに行った息子たちが、井戸に壺を落として帰って来ないので、父親は「男の子はみんな鴉になってしまえ」と呪う。すると息子たちは鴉になって飛び去る。「六羽の白鳥」［KHM四九］では、魔女の娘と再婚した王様が、森の中の城に先妻の息子六人と末娘一人を隠しておく。後妻が息子たちを見つけ魔法のシャツを投げかけると、彼らは白鳥に変身し飛び去る。末娘だけが難を逃れ、後に兄たちを救う。

以上三話において、兄弟たちが動物（鴉／白鳥）に変身する契機となっているのは、実の親の呪い［KHM九／二五］と継母の呪い［KHM四九］である。現実的に手を下すのではないにしても、呪いは心理的には死の宣告に等しい。まだ独立できない子供にとって、親の呪いは心の深い傷、一種の魂の死を意味し、場合によっては生涯、子供の人格に暗い影を落とすこともあり得るからである。

グリム以外の類話を瞥見したい。「狩人の娘と十二人の兄弟」［ドイツ］では、末娘と仲良く出来ない息子たちを父親が激怒して追い出してしまう。「三羽のからす」［スイス］でも、父親は、かつて息子たちを激怒のあまり鴉にしてしまったことを末娘に告白する。また「七羽のからす」［オーストリア］の中では、父親ではなく母親が食い意地の張った息子たちに鴉になってしまえ、と口走る。「わたすげ三枚のシャツ」［アイルランド］は、継母の呪詛がそもそもの契機となって三人の弟が鴉に変身する。実の親あるいは継母の呪いの言葉が、以上の昔話においても、グリム童話と同様、すべて兄弟の変身の原因となっている。日常ありがちな一時的な感情の爆発が生む悲劇を、AT四五一の類話はすべて、非常にリアルに表現している。

では、兄弟はなぜ鴉や白鳥に、つまり鳥に変身してしまうのだろうか？　AT四五一タイプの話の中には、兄弟が羊、狼、牛、等々に変身する例もあるが、鴉や白鳥への変身がやはり群を抜いて多いようである。[19] それは何故か？

E　鳥（鴉／白鳥）への変身

人間の魂が鳥の姿になるという信仰は、インド・ゲルマン民族に共通のものであるばかりではなく、中国、インドネシア、アフリカ、アメリカ等に広く見られ、またドイツの民間信仰では、鳥は霊的で予言をする存在、鳥の姿をした死者の魂とされる（『ドイツ俗信辞典』）[20]。この「魂の鳥」Seelenvogel の代表的な種類は鴉である。鴉はその黒い容姿と嗄れた鳴き声からしてどこか死の影を宿す不気味な鳥であるが、北欧神話では主神オーディンの霊鳥（フギンとムミン）であり、世界中を飛び回り様々な情報を持ち帰る最も賢い鳥と畏れられている。死んだ英雄を天に運ぶ同じく北欧神話のヴァルキューレは鴉の姿であるとも言われる[21]。またヤーコプ・グリムは『ドイツ神話学』の中で、人間の運命を語る鳥としての鴉の伝説や昔話を多数紹介している（KHM一〇七「二人の旅職人」等）（第二十一章）[22]。

このように、特に北欧で鴉は神聖視されており、死の世界との深い関わりや予言能力が指摘されている。一方、白鳥はその美しい姿と真っ白い色、優雅な身のこなしによって、すでに古くから超自然的な性格を付与され、動物的ではない何かより高い存在とみなされていた[23]。また古来、救われた魂は白鳥の姿で飛び去って行くとされ、他の伝承では、白鳥は天使の国やガラス山へ魂を道案内すると言われている[24]。

これらの伝承を総合すると、白鳥もやはり鴉と同様、死と縁が深く、AT四五一タイプの昔話に見られるガラス山の信仰との関係を示していることが分かる。いずれにしても、鴉と白鳥は死と内密に結ばれた霊鳥のイメージを色濃く宿している。親から呪詛されて鴉に変身した兄弟は明らかに、死の世界に旅立った彼らの魂に他ならない。その行く先が神秘の森あるいはガラス山であるのは、ドイツを含む北欧の自然的風土を恐らく反映している。

F　北欧の霊山

「七羽の鴉」［KHM二五］の女主人公である妹は、七人の兄弟を捜すために、世界の果てに辿りつき、順に、太陽、月、星に彼らの行方を尋ねるが、明けの明星がようやく兄弟はガラスの山にいる、と答えてくれる。

このガラス山とはそもそもどのような山なのか？　グリム童話集から数例挙げてみたい。右の「七羽の鴉」では、ガラス山は「雛の肢」がないと開けられないと言う。妹は途中で肢を紛失し、自分の小指を切って鍵にし門を開く。すると小人が出てくる。(25)「鴉」Die Rabe［KHM九三］では、ある王様の姫が駄々をこねて言うことを聞かない。妃がおまえは鴉になってしまいなさい、と呪う。すると姫は実際に鴉になって飛び去って行く。彼女はガラス山の上の黄金城に閉じ込められているが、その城は何千マイルも離れた遠方にある。彼女を救出しようとする男がそこに辿り着き登ろうとする。しかし滑り落ちてしまう。[26]「鉄のストーブ」［ＫＨＭ一二七］の中の王女は、三本の針を使って（登山のアイゼン？）滑るガラス山を越え、王子のもとへ行く。[27]「太鼓たたき」［ＫＨＭ一九三］の主人公である太鼓たたきは、ガラス山に封じ込められた王女を救うために、鏡のように滑るガラス山に魔法の鞍で上る。山の上は平地で古い家があるが、人間も動物もいない。風だけがザワザワ音を立て、雲がすぐ頭上を流れている。そこで過ごす三日は不思議なことに三年に相当する。[28]

グリムが描くガラス山の風景あるいは雰囲気は以上のようである。遥か遠方にあるガラス山は鏡のように滑る山である。親に呪われた子供の魂はこの孤独な山に閉じ込められる。ガラス山は元来、死者の住む国である。北欧ではヴィドブライン Vidblainn（風の宿）とも、グレルヒミン glerhiminn（ガラスの空）とも呼ばれる。この山には死者以外に、（グリム童話からも窺われるように）小人、白鳥の乙女、賢い女（＝巫女）等、異界の存在が住んでいる。[29]またスラヴ人には天界の透明の山に対する信仰があり、死者を埋葬するときには、熊の爪を入れて、死者が滑るガラス山を登る手助けをしたと言う。[30]ヤーコプ・グリムはガラス山についてこう解説する。「この険しい山は、リトアニア人のもとではアナフィエラス、ポーランド人のもとではスックランナ・ゴラ（ガラス山）と呼ばれている。罰を下された魂は、罰としてその山を登っていかなければならず、しかも足を頂上に置くたびに、彼らは滑って転落する、と人々は信じている。このガラス山のことは、確かにわれわれのドイツの昔話や歌謡も知ってはいるが、死者たちの滞在場所として以上のことは知らない。もっとも、鶏の肢を（熊の爪のように）ガラス山に差し込むために持って行って、最後に、自分の小指を、その山を登りきるために、あるいは扉を開けるために切り取る少女は、あたかも自分の失われた兄たちを［山ならぬ］地下世界に捜しに行くかのような感じではある（「七羽の鴉」KHM二五）[31]」。

ガラス山はヨーロッパの北部地域で広く信仰されていた霊山である。そこに（親の呪いによって）封じ込められた兄たちを勇敢にも捜しに出掛けて行く妹の物語［KHM二五］は、M・リューティの言うように、「兄妹愛の賛歌」（『昔話の解釈』[32]）である。ちなみに、北ヨーロッパの高山に聳えるガラス山には水晶の山という観念もあるが、以上の記述から推察すると、氷河を戴いて孤高に輝く（魂の）山といったイメージも否定し難い。

G　沈黙の試練

ガラス山への遠路の旅は兄弟を捜す妹にとって厳しい試練であるが、彼らを救うためのもう一つの困難は沈黙である。AT四五一タイプの昔話では、森での生活やガラス山への旅以上に、口もきかず笑いもしないというモティーフが頻出する。「十二人の兄弟」［KHM九］、「狩人の娘と十二人の兄弟」［ドイツ］、「七羽のからす」［オーストリア］ではそれぞれ七年間、「六羽の白鳥」［KHM四九］では六年間、「三羽のからす」［スイス］では三年間、そして「わたすげ三枚のシャツ」［アイルランド］では一年間といった具合に、女主人公は沈黙の試練に耐えなければならない。そして場合によっては、この沈黙の期間内に妹は兄弟のためのシャツを作り上げなければならない（「六羽の白鳥」／「わたすげ三枚のシャツ」）。

一般的に、沈黙が人間の特定の能力（集中力）を高めることは経験的にも理解できるが、実際、信仰の世界でもそれは大きな力を発揮するようである。キリスト教教会の禁欲的な沈黙、また原始宗教で霊力や魔力を高揚させるための沈黙などがそうである（『ドイツ俗信辞典』[33]）。行方不明の兄弟を捜す妹は、兄弟を呪縛している魔力（親の呪いによる心の傷、等々）と闘うエネルギーを意識の底に蓄積するために、一定期間、時には七年間も沈黙を自らに義務として課している。

この沈黙の期間に、妹は兄弟を人間の姿に戻すべく一心不乱にシャツを織り上げる。この「シャツ」Hemd について、ヤーコプ・グリムはこう説明する。「そのようなシャツは魔法を解くばかりではない。それは勝利を確実なものにする。……ヴォルフディーテ（ト）リヒはそれ（シャツ）を勝利の愛から、すなわち、糸を紡ぐ賢い運命の女神あるいはヴァルキューレから受け取る。……野の糸紡ぎ女と呼ばれた魔女にも魔法の機織りや糸紡ぎの特性があるとおそらく人々は信じていたのである」[34]。運命（を織る女）――糸紡ぎ――シャツ、といった観念の連鎖がゲルマンの古代から伝えられていたことから見ても、シャツは人の運命を左右する重要なシンボルである。救済すべき兄弟のために末の妹が沈黙のうちにシャツを織る姿には、このような伝承的背景がある。

ところで、AT四五一「兄弟を捜す少女（＝妹）」タイプの昔話では総じて、危機に陥った兄弟たちを、たった一人の妹（姉）、一見寄辺ない娘が救い出す。それは何を意味するのだろうか？　AT四五一タイプの要となるこの兄弟と妹という人間関係について次に考察してみたい。

H　兄弟と妹／グリム童話と日本の昔話

1　［グリム童話］

「十二人兄弟」［KHM九］の父である王様は男の子を十二人持っていたが、十三人目が女の子ならば、息子十二人を殺して娘に全財産を譲ろうと妃に宣言する。何も知らずに成長した娘は、ある時十二枚のシャツを見て、母親（妃）から事の真相を知らされ、早速、兄たちを捜しに行こうと決意する。「七羽の鴉」［KHM二五］の父親も七人の息子の後に末娘が生まれると大喜びするが、洗礼の水を取りに行った息子たちの不手際に腹を立て彼らを呪詛したために、息子たちは鴉に変身して家を出る。何も知らずに育った娘は、世間の噂がきっかけで、本当は彼女に兄たちがいたことを両親から教えられ、是非とも彼らを捜し出そうと長く厳しい旅に出る。「六羽の白鳥」［KHM四九］では、魔女である継母によって白鳥に変身させられた六人の兄たちを捜しに、末の妹は森の奥に分け入って行く。

特に最初の二つの昔話においては、自分のために兄たちが犠牲になったことに対する負い目の感情が妹の心に兆したことは確かであろう。しかし彼女は何の迷いもなく兄たちを捜しに森の奥へガラス山へと旅立って行く。途中で出会うあらゆる恐怖も、沈黙が生む誤解ゆえの苦境も彼女を挫折させることはない。それは彼女の純真な心を逆にいよいよ強めていくばかりである。

2 〔日本の昔話〕

注目すべきことに、わが国にもAT四五一タイプの昔話は記録されている。関敬吾編著『日本昔話大成』五所収の「七羽の白鳥」(二一四)がそれである。粗筋はこうである。

八人兄弟があった。上の七人は男ばかり、一番末が女の子であった。母親は末娘が一歳のときに病死する。父親は後妻をもらうが、末娘が七、八歳になった頃、継母に子供が出来て、末娘に子守をさせ、やがて苛め始める。兄たちは妹が十一、二歳になったら彼女と一緒に家を出ようと打ち合わせる。その時期が来ると長兄が父親に相談する。それを立ち聞きした継母は、魔法の呪言で兄たちを白鳥に変えてしまう。継母の苛めはますます酷くなる。末娘は白鳥になった兄たちを何とか人間の姿に戻したい一心で、毎日、山の泉で精進する。ある日、白鳥になった兄たちが飛んできて、山に生える糸蔓で網を作って、その中に妹を入れて島(喜界島)を離れ、遠い小島に着く。その島の小屋で妹が寝ていると、夢の中に白髪の爺さんが出てきてこう示唆する。庭の草を取って咳払いをすれば、草が糸になり、その糸で三日間に七枚の着物を編んでそれを兄たちに着せれば、彼らは人間の姿に戻る。そうすれば彼らと一緒に泊まりの舟で生れ故郷の島に帰ることができる、と。目が覚めた妹は、庭の草で七枚の着物を三日で編み、兄にそれを着せ人間の姿にする。舟で故郷の家に帰ると、今度は継母が白鳥に変身して飛び去る。その後、兄弟と妹は父親と仲良く暮らす[35]。

関敬吾は、この話がグリムの「十二人兄弟」や「六羽の白鳥」と同系であること、また喜界島と沖永良部島でしか記録されていないことを注釈し、「あるいはグリムの話が近年に土着したものか」、と推測する[36]。一方、『日本昔話通観』第二十八巻「昔話のタイプ・インデックス」には、一七九「白鳥の兄たち」の項に、この昔話がAT四五一に酷似していること、調査資料ではこの話が喜界島・宮古島の琉球伝承圏に限定されていることを〈注〉に記している[37]。第二十五巻「鹿児島」所収二九九「継母と白鳥」（原題「七羽の白鳥」）（喜界島[38]）、第二十七巻「補遺」所収一七九「白鳥の兄たち」（原題「十三羽の白鳥」）（沖縄県宮古郡[39]）がそれである。内容はグリム童話と殆ど同じである。山形県の話は例外としても、AT四五一タイプの昔話は、わが国ではなぜか琉球伝承圏に限られている。この問題を次に考えてみたい。

I　兄弟と妹／琉球伝承圏の民俗

一九四〇年に刊行された『妹の力』の中で、柳田国男は沖縄出身の民俗学者伊波普猷の論文「をなり神考」（一九二七年、雑誌『民族』所収）を紹介しながらこう語っている。「弘く南海の群島を通じて、女性の同胞を意味するヲナリは、古くはその男の兄弟にとって、事ある場合の守護指導の霊と認められ、従ってヲナリの神という語は数多く古典の中に遺っているのみか、今もその痕跡とおぼしき習俗が、幽かながらそちこちに伝わっている。……それが果してこの極東の偉大なる民族に、固有の信仰であったかどうか。然りとするならば国の一部にはどうして夙に失われ、もしくは如何に形貌を変えて、普通には気づかれぬまでの底の流れとなってしまったか。……これがこの地上の、あらゆる人間の社会を通じて、一度は経過しなければならなかった文化の一段階であって、たまたま多くの国ではそれに気づかずにいるのか、或はまた島を本拠とした日本民族のみが、特に与えられていた経験であるのか、……これを決するためにも今だけの知識ではまだ足らぬように思う」（「玉依彦の問題」）[40]。

右の一節には、兄弟と妹をめぐる洋の東西を問わない人類普遍のテーマが呈示されて興味深いが、それに関しては後に触れることにし、ここでは柳田が挙げている伊波普猷の

「をなり神」論を先に読んでみたい。

「祭政一致時代の琉球では男子は政治に携わり、女子は祭事に携わったので、女人の権力が存外強かったから、従って当時の生活様式の影が、其言語の上にも翳したのであろう。……久高島には、十二年に一回イザイホーという女子の成人試験が行われていて、これに通過した者は聞得大君に仕える資格があるとされていたが、是は恐らく嘗て南島全体で行われた風習であろう。こうして彼女等には、神秘力があると認められていたのだから、故郷を離れた男子には、をなり神が始終つきまとって、自分を守護して呉れるという信仰があった。姉妹の髪の毛を乞うて守り袋に入れ、或は其手拭を貰って旅立つ風習が、つい近頃まで首里那覇にさえ行われていた」[41]。

男子は政治、女子は祭事、国王は男子、国王の妻（国王の姉妹）は聞得大君（祭事の長）という男女の分業が南島全体に行われていたことを伊波普猷はこう指摘する。ここで見逃せないのは、女性の「神秘力」である。この独特の能力あるいは才能の故に、特に兄弟にとって妹はヲナリ神として尊重されていたのである。柳田国男は「事ある場合の守護指導の霊」としての女性の存在がわが国の「固有の信仰」であったのか、あるいはあらゆる人間社会の「文化の一段階」として普遍的なものだったのかの問題について、少なからぬ関心を示していた。

ヲナリ神信仰の研究は、伊波（一九二七年）と柳田（「玉依彦の問題」、一九四〇年）以後はほとんど進展をみなかったようであるが[42]、第二次大戦後、民俗学的・社会人類学的野外調査が馬渕東一などによって開始されてからは、伊藤幹治氏などの重要な業績が残されている[43]。それらの研究の中で本稿との関わりで特に目を引くのは「布のシンボリズム」である（村武精一「家のなかの女性原理」[44]）。南島では男女分業によって、機織りは女性の仕事であったために（多くの民族において恐らくそうであろう）、「女性が織りなす布は女性自身と同視され、一つの霊力が与えられている」[45]と言われる。

グリム童話「六羽の白鳥」［KHM四九］やアイルランドの昔話「わたすげ三枚のシャツ」の中で、兄弟のために妹が沈黙のうちに織り上げるシャツがここで想起される。シャツの象徴性に関しては、ドイツにも中世以来の独自の伝承があるが[46]、柳田が示唆する「普遍的な」次元での機能もあるのかも知れない。つまり、シャツは兄弟を守護しようとする妹の存在そのもののシンボルと見てよいのではあるまいか。妹が精魂込めて編み上げるシャツは、実際に、物語の中で兄弟を呪いから解放し、彼らを本来の人間の姿に戻してくれるからである。わが国の南島文化圏には、「兄弟に対する姉妹の霊的優位への信仰」[47]が根づいているとされるが、この信仰は、柳田が推定した通り、日本だけには限らないゲルマンの古代にも見られた著しい文化的特色であった。

J　兄弟と妹／ゲルマン古代の民俗

女性の「神秘力」の問題に光を投げかけているのはヤーコプ・グリムである。彼は古代から中世にかけてのゲルマンおよび北方民族の神話と民俗に関するその膨大な文献学的研究『ドイツ神話学』Deutsche Mythologie（一八三五年初版）の中で、古代における女性の役割について次のように記している。「女性がこの点［男性の英雄的な仕事］で失うであろうものは、他の方法で豊かに与えられる。伝説の中では、しばしば功績もなく没落する英雄の役割の代わりに、女性には遥かに持続的な影響力のある普遍的な仕事が委ねられている。……この仕事［巫女］のために男性ではなく女性が選ばれるということは、われわれの異教の重要な特徴である。ユダヤ教やキリスト教の見方は対照的である。そこでは預言者が予言し、天使や顕現する聖者が告知し、神の命令を遂行するからである。……ドイツの見方では、運命の言葉は女性の口を通してより大いなる神聖さを獲得するように思われる。良い意味でも悪い意味でも、予言や魔術はとりわけ女性の才能である。……すでにタキトゥスにおいて強調されたこのゲルマン的な女性崇拝は、われわれの古い部族法において……意味深く表現されている」(48)。「彼女たち［巫女］の知恵はわれわれの運命の絡み合いを探り当て、導き、秩序づけ、危険を警告し、困難な状況において忠告を与えてくれる。

……それ故、彼女たちは［賢い］klug［賢明な］weise 女性［＝巫女］と名づけられている[49]」。

ゲルマン古代では、男性の英雄的（政治的）仕事の代わりに、女性には（ユダヤ教やキリスト教の場合とは異なって）困難な状況を切り抜けるための忠告や預言を与える仕事が任されていたこと、そこに「ゲルマン的な女性崇拝」（タキトゥス）の起源があることを、古代ゲルマンの慣習法の専門家ヤーコプ・グリムは指摘する。これは琉球を中心にした南島地方における、国王（男子）は政治、国王の妻（姉妹＝聞得大君）（女子）は祭事という分業形態に相応する。この点に関して、伊波普猷はすでに『沖縄女性史』（一九一九年刊行）の中で次のように語っている。「女子が祭事に与った事実として最有名なのは、ローマにおいて火の神を祀らせるために置いた尼僧すなわち Virgo Vestalis（ヴェスタの処女）である。……ゲルマン民族の女子も一般に男子よりは一段下に位するものとなっていたが、しかしながら女子は神によって一種不思議な力を附与されて、預言する力を有っていると考えられていた。女子が祭事にたずさわるべき者という思想は古代においてはおそらく世界共通の思想であったろう[50]」。柳田国男は南海の群島におけるヲナリ神信仰について、それが日本に「固有の信仰」であるのか、すべての社会の「文化の一段階」であるのか問いを発していた。伊波普猷は、右に見るように、明らかに後者の見解を持っていたようである。

結び

AT四五一タイプに属するグリム童話「六羽の白鳥」が、南西諸島で（何らかの方法で伝播したのか、この地方で発生したのかは別にして）「七羽の白鳥」として語り継がれてきたのには十分な理由があると思われる。もし仮に西欧からこの昔話が伝播したのだとしても、日本のこの地方にそれを受容するべき社会的・歴史的・民俗的土壌がなければ、伝承力はなかったにちがいない。つまり、ヲナリ神の信仰がこの地方に浸透していたがために、妹が兄弟を救済する感動的な物語であるAT四五一の種子は容易にここに土着し成育することができたのである。

AT四五一の昔話に関する解釈をいくつか紹介したい。B・ホルベクは社会経済的な視点からこう解釈する。十九世紀の物語伝統を背景にしたこの物語においては、食事も愛情も乏しく貧しい家族における兄弟間の争いが描かれている。家からの子供の追放や親の呪いには、他の兄弟を家から追放したいという少女の密かな願望が投影されており、それが故に彼女は後に罪の意識を感じてその償いをするのである(51)。

フェミニズムの観点からR・ボティックハイマーはこう解釈する。グリム童話の三話「十二人兄弟」［KHM九］「七羽の鴉」［KHM二五］「六羽の白鳥」［KHM四九］においては女性（母親）の役割が漸次、意識的に弱められている。例えば「十二人兄弟」の母親である王妃は積極的に息子たちを（森に逃がして）救済するが、「七羽の鴉」の母親は受け身一方の存在になっており、「六羽の白鳥」では邪悪な継母だけが登場する。兄弟を捜す妹も、「十二人兄弟」では公然と旅立つが、「七羽の鴉」と「六羽の白鳥」ではごまかしてこっそり出発する、等々。[52] M・タタールも「十二人兄弟」の中で十二人の兄弟が鴉に変身した責めを負うのが末の妹であること、つまり、何の罪もないのに耐え抜く受難者となっていることに不満を漏らしている。[53]

見る立場によって同じ昔話がまったく異なる意味を帯びてくることは、これら数例からも明らかである。これらの解釈はそれぞれに独自の問いを発して貴重ではあるが、ここでは、右に紹介した解釈には、残念ながら、民俗学的な視点が欠如しているが故のある種の強引さが目立つことを指摘しておきたい。昔話における個々のモティーフや登場人物の行動には当然、伝承に基づく根拠がある。それを看過すると、解釈には恣意的な何かが入り込んでくる。特に、KHM九／二五／四九の三話に連続性をもたせて、女性の役割の漸層的低下を見るボティックハイマーの解釈には、個々の物語に内在する民俗学的要素や物語自体の独立性を度外視することから結果してくる恣意性が窺われるのではあるまいか。

本稿では、AT四五一に属するグリム童話および西欧の昔話とわが国の南西諸島の昔話をテクストとして、これら東西の物語に見られる「女性の神秘力」（伊波）、あるいは「守護指導の霊」（柳田）に対する伝統的な深い畏敬の念に注目した。「兄弟を捜す少女」の存在には、時代状況や社会体制の違いにもかかわらず、人生の様々な局面に見え隠れする女性の「神秘力」や「守護」力に対する根強い信仰が反映していると思われる。このタイプの昔話が、西洋でも日本でも、人の心に感動を呼び起こすとすれば、そこには何か普遍的な次元で人間性に語りかける重要な要素が潜んでいるからにちがいない。AT四五一の聞き手と読み手は、個々の体験を踏まえながら、その物語内容に共感を覚え、それを己の問題として受け止め内化して、伝承という公的場に与るのであろう。

最後に、M・リューティは「十二人兄弟」の妹に古代ギリシアの悲劇作家ソポクレス作『アンティゴネー』の女主人公の似姿を認めている。[54] そう考えると、AT四五一はまさしく世界文学のレヴェルで取り上げられるべき昔話と言ってよく、その魅力はますます深まるばかりである。

注

（1）柳田国男、「放送二題」〔鳥言葉の昔話〕、『昔話と文学』所収、『柳田国男全集』9、筑摩書房、一九九八年、四〇三—四一〇頁。

(2) Antti Aarne and Stith Thompson, The Types of the Folktale, Helsinki, 1987 (1961 Second Revision), p. 153-154.

(3) 関敬吾編、編集協力/野村純一、『日本昔話大成』五、「本格昔話」四、角川書店、一九八一年、三二九—三三三頁。

(4) 『日本昔話通観』、第六巻「山形」、同朋舎、一九八六年、四七三頁/同、第二十五巻「鹿児島」、同朋舎、一九八〇年、六〇三—六〇四頁/同、第二十七巻「補遺」、同朋舎、一九八九年、一〇九—一一一頁/同、第二十八巻、同朋舎、一九八八年、三一三頁。

(5) Johannes Bolte und Georg Polívka, Anmerkungen zu den Kinder-und Hausmärchen der Brüder Grimm, Georg Olms Verlagsbuchhandlung, Hildesheim, Bd. 1, 1963, S. 427–434. / Enzyklopädie des Märchens, Handwörterbuch zur historischen und vergleichenden Erzählforschung. Begründet von Kurt Ranke, Bd. 8, Walter de Gruyter, Berlin/New York, 1996, S. 1354.

(6) Brüder Grimm, Kinder-und Hausmärchen, Ausgabe letzter Hand mit den Originalanmerkungen der Brüder Grimm, hrsg. von Heinz Rölleke, Philipp Reclam jun., Stuttgart, Bd1/2, 1982, Bd. 3, 1983 (Reclam).

(7) Reclam, Bd. 1, S. 71–77.

(8) Reclam, Bd. 1, S. 154–156.

(9) Reclam, Bd. 1, S. 251–256.

(10) 『昔話の形態学』プロップ著、北岡誠司/福田美智代訳、白馬書房、一九八七年。

(11)『世界の民話』、小沢俊夫編、ぎょうせい、全三十七巻。
(12)『世界の民話』一［ドイツ・スイス］、小沢俊夫編・訳、ぎょうせい、一九八八年、九番。
(13)同書、三十三番。
(14)Die älteste Märchensammlung der Brüder Grimm, Synopse der handschriftlichen Urfassung von 1810 und der Erstdrücke von 1812. Herausgegeben und erläutert von Heinz Rölleke, Fondation Martin Bodmer, Cologny-Genève, 1975. 邦訳「エーレンベルク稿」は、『グリム兄弟』「ドイツ・ロマン派全集」一五、国書刊行会、一九八九年、所収、「メルヒェン集」小沢俊夫訳。「初版」は、『初版グリム童話集』全四巻、吉原高志・吉原素子訳、白水社、一九九七年および『一八一二年　初版グリム童話』全二巻、乾侑美子訳、小学館文庫、二〇〇〇年。
(15)『世界の民話』二八［オーストリア］、小沢俊夫編／飯豊道男訳、ぎょうせい、一九八五年、十九番。
(16)『世界の民話』三三［リトアニア］、小沢俊夫編／虎頭恵美子訳、ぎょうせい、一九八六年、三十五番。
(17)『世界の民話』一五［アイルランド・ブルターニュ］、小沢俊夫編／中村志朗訳、一九九一年、二番。
(18)注(2)参照。
(19)マックス・リューティ『昔話の解釈』、野村泫訳、ちくま学芸文庫、一九九七年、第一章「七羽の鳥」／Enzyklopädie des Märchens, Bd. 8, S. 1354.

(20) Handwörterbuch des deutschen Aberglaubens, herausgegeben von E. Hoffmann- Krayer, Berlin und Leipzig, Walter de Gruyter, 1935/36, Bd. VII., S. 1572–1577. (Aberglaube)

(21) Jacob Grimm, Deutsche Mythologie, Verlag Ullstein, Frankfurt am Main, Bd. II, 1981, S. 559.

(22) 前掲書、Bd. II, S. 560.

(23) Aberglaube, Bd. VII, S. 1402–1406.

(24) 前掲載、S. 1404.

(25) 注（7）参照。

(26) Reclam, Bd. 2, S. 51–57.

(27) Reclam, Bd. 2, S. 193–199.

(28) Reclam, Bd. 2, S. 397–408.

(29) Aberglaube, Bd. III, S. 856–861.

(30)『神話・伝承事典』、バーバラ・ウォーカー著、山下主一郎、他訳、大修館書店、一九八八年、五五八―五六二頁。

(31) J. Grimm, Deutsche Mythologie, Bd. II, S. 698.

(32) 注（19）参照。

(33) Aberglaube, Bd. VII, S. 1460–1470.

(34) J. Grimm, Deutsche Mythologie, Bd. II, S. 920.

(35) 注（3）参照。

(36) 同書、二三二頁。
(37) 注(4)参照。『日本昔話通観』第二十八巻、三一三頁。
(38) 注(4)参照。『日本昔話通観』第二十五巻、六〇三―六〇四頁。
(39) 注(4)参照。『日本昔話通観』第二十七巻、一〇九―一一一頁。
(40) 柳田国男、『妹の力』「玉依彦の問題」、『柳田国男全集』11、一九九八年 二六二―二七八頁。
(41) 伊波普猷、「をなり神の島」、『伊波普猷全集』第五巻所収、平凡社、一九七四年、六頁。
(42) 村武精一「家のなかの女性原理」、『日本民俗文化大系』第十巻「家と女性」、小学館、一九九五年、所収、第五章、二「家とオナリ神信仰」、三四一頁。
(43) 伊藤幹治「八重山群島における兄弟姉妹を中心とした親族関係」、『民族学研究』二七―一、日本民族学会、一九六二年、七―一二頁。
(44) 注(42)参照、三四六頁。
(45) 同所。
(46) 注(34)参照。
(47) 注(42)参照、三四一頁。
(48) J. Grimm, Deutsche Mythologie, Bd. I, S. 328-329.
(49) J. Grimm, Deutsche Mythologie, Bd. I, S. 331.
(50) 伊波普猷、『沖縄女性史』、平凡社ライブラリー、二〇〇〇年、二六頁。
(51) Enzyklopädie des Märchens, Bd. 8, S. 1361.

(52) ルース・ボティックハイマー『グリム童話の悪い少女と勇敢な少年』、鈴木晶、他訳、紀伊國屋書店、一九九〇年、八〇—八一頁。
(53) マリア・タタール『グリム童話／その隠されたメッセージ』、鈴木晶、他訳、新曜社、一九九〇年、二二四頁。
(54) 注(19)参照。

6

橋の不思議

橋の上の宝の夢／味噌買橋

序

川や湖の此岸と対岸を結ぶ橋は、古来、交通の要衝として、人々の生活にとって重要な役割を果たしてきた。[1] しかし他方、橋には何故か不可思議な要素が絶えず付き纏っている。実際、伝説や昔話には橋をめぐるこの種の話が枚挙に暇がない。

橋の民間伝承にいち早く着目したのは柳田国男であった。「細語《ささやき》の橋」（一九一四年）[2]、「西行橋」（一九一六年）[3]、「橋姫」（一九一八年、『一目小僧その他』所収）[4]、「橋の名と伝説」（一九三七年）[5]、「味噌買橋」（一九三九年、『昔話覚書』所収）[6] 等々彼は橋に関する一連の論文を発表している。中でも、最後に挙げた「味噌買橋」は、西欧の文献にも十分な目配りをした卓越の比較文化論となっている。

柳田がこれらの論考を発表してから今日までの間に、口承文芸学の分野では、「味噌買橋」と「大工と鬼六」が外来の話であったこと、そしてその伝播経路の詳細が実証的に解明され、[7] また〈妖怪のトポロジー〉としての橋の諸相（宮田登）[8] や橋の文化史的な考察（平林章仁）[9] が行われる一方で、「橋の上の宝の夢」と「味噌買橋」の本格的な比較論文（竹原威滋）[10] も発表されて、柳田が端緒を開いた橋の民間伝承的研究は着実に進展を見せている。

ところで、柳田は『昔話覚書』「第一版自序」の中で、グリム童話とわが国の昔話を比較しながら、「何かよくよくの、まったく我々の知らない原因」が口承文芸の〈東西の一致〉には潜んでいると直観したが[11]、本稿では橋の伝説をテクストに、右の〈原因〉を探ってみることにしたい。橋には〈一致〉を誘発する何か、一種の共通心性を呼び起こす何かがあるように思われる。

A 夢〔占〕

グリム兄弟編『ドイツ伝説集』Deutsche Sagen 第一巻（一八一六年刊）所収の「橋の上の宝の夢」Traum vom Schatz auf der Brücke（二一二番）は次のような話である[12]。ある男が夢の中で、レーゲンスブルク［バイエルン州］の橋（図8）へ行けば金持ちになれる、というお告げを聞き、橋に行く。二週間後、裕福な商人がやって来て、男に何を探しているのか尋ねる。男は例の夢を語る。商人は言う、夢は泡のようなもので嘘だ。自分もあの大きな木の下に金の詰まった釜が埋まっている夢を見たが、気にもしていない、と。男がそこへ行き、木の下を掘ると、宝が見つかる。夢は正しかったのである。

『ドイツ伝説集』二一二番には、もう一篇、北ドイツのリューベックの類話が付加されているが[13]、ここでは措く。イギリス民話「スワファムの行商人」The Pedler of Swaffham[14]

でも有名なこの物語は、遠く東洋（『千夜一夜物語』）にまで類似のものが見られ、伝播領域がきわめて広範である。[15] さて、『ドイツ伝説集』を発表してから、殆ど半世紀近く後、晩年のヤーコプ・グリムはこの話をふたたび取り上げ、ベルリン科学アカデミーで「橋の上の宝の夢」を講演した（一八六〇年）[16]。

その講演の中でヤーコプは、一八三〇年代に発見された古い低地ラインの詩『カールマイネト』Karlmeinet―カール大帝の青年時代の逸話を収録―に「橋の上の宝の夢」がすでに見られ、その源になる話が十二世紀フランスで流布していたことを指摘し、類話がパリ以外に、ドイツではハイデルベルクのネッカー河、カッセルのフルダ河、ブレーメンのヴェーザー河の橋、イギリスではロンドン橋、スラヴ系ではプラハの橋等々に伝承さ

図8　レーゲンスブルクの石橋（ドナウ河）［ドイツ］

れていることを紹介している。さらに彼は、東洋の類話に橋のモティーフがないことに触れ、ヨーロッパの伝説においては何故に橋が重要なのか、その理由をこう説明する。「橋は多くの民衆が通り、また人々の集合場所である。他の折には、例えば、裁判が行われる所でもある。それゆえ、橋は宝を探す者を派遣するのに適している。そこでは最も容易に情報が入手出来るからである」[17]。

橋は、交通の目的ばかりではなく、人々の生活の場として（今日、フィレンツェのヴェッキオ橋に見られるように、昔はパリでもロンドンでも、橋の上には店が並んでいた）、また祝祭や裁判が執行される公共の場所として[18]重要な役割を果たしていた。現代のような通信手段のなかった時代には特に、往来の要としての橋は、様々なニュースが飛び交う高密度の情報の場であった。橋には独特の求心力が備わっていたのである。夢は橋へ行くように告げ、それを聞いた者は当然のごとく橋を目指した。

〈橋〉に特別の関心を抱いていた柳田国男は、一九三九年、『民間伝承』誌に論文「味噌買橋」を発表した[19]。彼が予感したように、この昔話がヨーロッパの話の翻案であることが実証されたこと[20]、彼はヤーコプ・グリムの前述の論文を知ってはいたが、直接読む機会はなかったこと[21]、その代わり、『独逸民俗学会誌』所収の論文によってヨーロッパの類話を熟知していたことに[22]関しては措くが、彼の次の指摘は、ヤーコプも触れていない独自の観点である。

「一つの解釈はこの話の運搬が、少なくとも欧州においては架橋土木の発達に遭遇し、都会はもとより田舎の人々も、新たに架かった橋を評判にしていた際だったので、話者がその中心をここに置いたのが、偶然にも大いに当ったのではないかということである。さらに一歩を進めての想像は、橋が新しい文化の表現であったゆえに、これが占ないや呪いの場処に使われ、最も神秘を説くのにふさわしかったので、話者もこれを選び聴く者にも印象が特に強かったのではないかということである」[23]。

文化現象を客観的、歴史的に分析する柳田の慧眼がここにも遺憾なく発揮されている。実際、例えば、『ドイツ伝説集』のレーゲンスブルク橋は一一三五年、ロンドン橋は一一七六─一二〇九年、南フランス、アヴィニョンのサン・ベネゼ橋は一一八五年に初めて建設された[24]。従って、ヨーロッパにおける十二世紀前後は、〈橋〉文化の開花期と一致するのだが[25]、我々がここで特に注目したいのは、柳田の〈さらに一歩を進めての想像〉である。すなわち、橋が占いの場処に選ばれた、と彼は推測するのである。

大正五年に発表された論文「西行橋」の中で、柳田は語る。「支那でも古くから橋辺の卜《うら》ということがある。売卜者《ばいぼく》が橋の袂の柳の陰などに出ていることは、わが邦近世の社会にも珍しい現象ではなかった。橋と占との因縁にはよほど根柢の深いものがあるように思う」[26]。平安京北端に位置する一條戻橋（図9）でも有名なわが国の〈橋占〉の伝統は、柳田が想像するように、ヨーロッパの「橋の上の宝の夢」タイプの伝説における〈橋〉と〈夢〉の内密な関係と、もしかしたら何処かで結ばれているのかも知れない。ただし、欧州の話では、橋の袂で占者が通行人の吉兆を占うのではなく、夢の中で示唆された橋の上で、主人公は偶然に出会った人物から宝の在り処を聞くのである。

『ドイツ俗信辞典』Handwörterbuch des deutschen Aberglaubens[27]や現在刊行中の『昔話百科事典』Enzyklopädie des Märchens[28]の「橋」Brücke の項目には、残念ながら橋占の記述は見当たらない。しかし、柳田の推測を俟つまでもなく、洋の東西を問わず、〈橋〉と〈夢〉との間には、少なくとも「橋の上の宝の夢」や「味噌買

図9　一條戻橋［京都］

橋」を見る限り、密接な関係があることだけは疑いない。夢は回り道をして初めて、しかも身近な場所で実現する、という教訓話として、本タイプの伝説は一般に知られているが[29]、夢と橋を一組と捉える視点＝橋占を導入することによって、柳田はこの伝説の解釈に新たな地平を拓いたと言える。

B 悪魔

岩手県胆沢郡の昔話に「大工と鬼六」がある[30]（要約）。

あるところに流れの早い川があり、何回橋を架けても流されてしまうので、村人は大工に頼む。大工が心配そうに川を眺めていると、水の中から大きな鬼が出て来て、何を考えているのか、と大工に尋ねる。事情を話すと、鬼は、お前の目玉をくれるなら橋を架けてやる、と言う。そのまま別れた翌日、大工が川に行ってみると、橋が半分架かっている。さらにその翌日行ってみると、橋が完成している。鬼が出て来て、目玉をよこせ、と言う。大工は山に逃げる。山中を歩いていると、早く鬼六、目玉もってくればいいな、と子守唄が聞こえる。大工は帰宅する。翌日、鬼に会うと、鬼は、自分の名前を当てたら目玉をくれなくてよい、と言う。大工は何度か違う名前を言ったあと、鬼六、と答える。すると鬼は消える。

右の昔話が最初に採集記録されたのが昭和の初めで、実は、北欧系の教会建立話が大正時代に「鬼の橋」として翻案されたものであったことが、今日では実証されている。[31]グリム童話「ルンペルシュテイルツヒェン」Rumpelstilzchen（KHM五五）[32]、イギリス民話の「トム・テイト・トット」Tom Tit Tot[33]、フランス民話「リカベール・リカボン」Ricabert Ricabon[34]、スペイン民話「悪魔の名前」El nombre del diablo[35]等がこの昔話の類話であることは周知の通りである。[36]ボルテ／ポリフカによれば、「大工と鬼六」型の分布領域は、デンマーク、ノルウェー、アイスランド、フィンランド、ラトヴィア等の北欧以外に、前記の西欧やチェコ等の東欧にも広がっている。[37]

アールネ／トンプソンの『昔話のタイプ』で「援助者の名前」The Name of the Helper（AT五〇〇）に分類されているこの話は、[38]「ルンペルシュテイルツヒェン」がそうであるように、西欧系の多くが〈糸紡ぎ〉の手伝いをする小人が〈名前〉を当てられて退散するストーリーであるのに対して、[39]北欧系では、前述のように、教会建立に纏わる物語になっている。ドイツでは北欧に最も近い、バルト海に面したメクレンブルクの伝説「フリートランド近くのガーレンベック湖の悪魔の橋」Die Teufelsbrücke im gahlenbecker See bei Friedland[40]は、北欧型「大工と鬼六」に近い物語で、ほぼ次のような内容になっている（要約）。

フリートラントの南東、ガーレンベック湖畔に農場がある。この湖の対岸から湖の半分近くまで人工の岬が伸びていて、それは〈悪魔橋〉と呼ばれている。古い伝説によれば、それは悪魔が湖に建設しようとした橋の残骸だと言う。

かつてガーレンベックに羊飼いが住んでいた。地元に草地が乏しいため、牧畜の収益が少ないことを嘆き、湖の遥かな対岸に生い茂る豊かな草地を眺めて、あそこで家畜に草を食ませることが出来たらいいのに、と願っていた。ある夕方、家畜を連れて家路についているとき、彼は叫んだ、〈悪魔が湖に橋を架けてくれたら、何でもあげるのだが〉、と。

その夜、実際に、悪魔が羊飼いの枕元に現れ、甘言を弄して、もし羊飼いが魂を約束してくれるなら、一夜で湖に橋を架けてあげよう、と持ちかけた。羊飼いがそれに応じなかったので、悪魔はさらにこう提案した。鶏が三回鳴く前に、橋が完成していた場合にのみ、魂を約束してくれればいい、と。羊飼いが考え込んでいたので、悪魔は空かさずこの機を利用して、羊飼いに輝かしい未来を描いてみせた。そして遂に魂を約束させた。

約束はしたものの、羊飼いはベッドの中で地獄へ堕ちる不安のあまり寒気が止まらなかった。冷や汗で起き上がって、窓の外を見ると、闇夜に光る稲妻の中、悪魔と彼の霊たちが恐ろしい力で仕事に没頭し、橋をすでに半分仕上げている様子が見えた。しかし夜はまだ明けなかった。

不安と恐怖のあまり、羊飼いは地獄に堕ちて永劫の罰を受けている自分の姿を想像した。力尽きて彼は神に救いを求めた。彼の願いは聞き届けられ、憐れみ深い神は救いの道をお示しになった。すなわち、羊飼いは袋を持って鶏のところへ走って行き、鶏を元気づけ、オート麦を与えたのだった。鶏は喜んで鳴き始めた。餌がなくなると、羊飼いはまたそれをばら撒いた。感謝した鶏はもう一度、さらにもう一度鳴いた。

仕事に専念していた悪魔は戸外で鶏の叫び声を聞いた。一回目には、橋はすでに四分の三以上が出来上がっていた。二回目、そして三度目の叫び声が聞こえると、悪魔は怒り狂った。彼はすべてを投げ出し、悪霊たちと共に、大音響の中、地獄へ帰って行った。

羊飼いは神に感謝し、それ以後、対岸に眼を向けることもなく、慎ましく暮らした。

言い伝えによれば、四分の三まで出来上がった橋を、その後、人々は完成しようとした。しかし諦めざるを得なかった。彼らが昼に仕上げた仕事を、悪魔が夜に破壊したからである。

〈悪魔の橋〉はこうして今日に至るまで未完成のまま放置され、造られた部分も年々水の中に沈み、草が生い茂り、今では橋ではなく人工の岬のように見える。

「大工と鬼六」では、橋の完成と引き換えに、鬼が大工に目玉を要求する。魂を売る＝地獄行、というキリスト教的な観念が、わが国ではまだ一般的ではないことを考慮して、最初の翻案者は魂を目玉に換えたにちがいない[41]。メクレンブルク伝説は、教会建立ではなく、橋の建設をテーマにしている点、日本版「大工と鬼六」にむしろ近い。ただし、後者（「大工と鬼六」）では、AT五〇〇「援助者の名前」のモティーフが物語の最後を締め括るが、前者（メクレンブルク伝説）では、それが欠如している。

いずれにせよ、ここで注目したいのは、橋と悪魔との縁の深さである。グリム兄弟編『ドイツ伝説集』一八六番「フランクフルトのザクセンホイザー橋[42]」では、橋の建造を請け負った棟梁が、期限までに完成させることが困難となったとき、悪魔に援助を求めている。悪魔は、最初に橋を渡る生物の魂をもらう約束で、橋を完成する。すると棟梁は雄鶏に橋を渡らせ、その魂を悪魔に引き渡す。悪魔は怒って、雄鶏を引き裂き、橋に投げつけ、そのため橋には今も二つの穴が開いている。

同二〇二番「峡谷にかかる橋」[43]では、若い羊飼いが夜遅く、恋人を訪ねるために深い峡谷にかかる橋を渡る。橋の真ん中に石炭の山が置かれ通ることが出来ない。若者は勇気を奮い起こして淵を跳び越えて、向こう岸に達する。すると黒い石炭が消え、煙の中から悪魔が現れ、若者に言う、もしお前が石炭の上を歩いたら、谷底に真っ逆さまに墜ちていた、と。羊飼いは聖ニクラス[44]と聖母を祀る礼拝堂で祈りを捧げていたのだった。

橋と悪魔との関係がよく窺われる二篇である。何故か、橋には悪魔が出没するのだが、前者（一八六番）は、悪魔が棟梁の策略で出し抜かれ退散する笑話的性格が特徴的で、後者（二〇二番）では、前述のメクレンブルク伝説と同様、悪魔の魂胆がキリスト教の厚い信仰の前に挫折する最後の教訓が印象的である。

「大工と鬼六」は北欧の教会建立譚の翻案であったが、その典拠となったテクストの一つはヤーコプ・グリムの『ドイツ神話学』Deutsche Mythologie であったようだ[45]。実際、同書第三十三章「悪魔」の中でヤーコプは、北欧の伝承においては〈悪魔〉Teufel と〈[女]巨人〉Riese（Riesin）が頻繁に入れ替わることを断った上で、〈巨人の橋〉

Riesenbrücke や〈教会を建立する悪魔〉der Kirchenbauende Teufel の話に言及している。そして聖オーラフ［ノルウェーにキリスト教を広めた聖人＝オーラフ二世、（九九五頃―一〇三〇年）］に関しては、次の伝説を紹介している。[46]

ある巨人［女］が聖オーラフと賭けをする。オーラフが教会を建立する前に、［彼女が］海峡に石の橋を架ける、というのである。しかし、橋が半分も完成しないうちに、聖なる教会から鐘の音が響いてくる。憤慨した巨人は彼女の石材を教会の塔に向かって投げつけるが、一度もそれに命中しない。そこで彼女は自分の足の一本を引きちぎり、それを塔に投げる。ある伝承によれば、彼女はこうして塔を倒したのだが、他の伝承によると、彼女はそれに失敗し、足はある沼に沈んでしまう。[47]

架橋工事のあまりの困難さ故に、人間には及ばない部分を、何か超人的な力を持つ存在、例えば悪魔に人々が依存せざるを得なかった事情が物語成立の背景として考えられるが、[48]紹介した伝説群には、「ルンペルシュティルツヒェン」系統の昔話の核心である〈名前を当てる〉モティーフ（AT五〇〇「援助者の名前」）が欠如している。ジャンルの相違（昔話と伝説）によって、物語の主眼も異なってくるにせよ、橋と悪魔（あるいは巨人）との間に強い絆が存在することは両ジャンルに共通している。ここでは橋の持つ負の側面が垣間見られて興味深いが、もしかしたらヨーロッパの歴史におけるキリスト教と異教の戦いが、ここで詳しくは触れないが、遠い記憶として、その背景に潜んでいるのかも知れない。

C　聖人［セイジン／ショウニン］

橋は、古来、悪魔ばかりではなく、むしろ対照的な存在である聖人との関わりも深い。ヨーロッパ、日本、いずれにおいてもそうである。ヨーロッパにおける橋の守護聖人としては、聖クリストフォロス[49]と聖ネポムク（一三五〇―一三九三年）[50]が有名である。チェコのプラハに架かるカレル橋には三十体の聖人《セイジン》の像が立ち並んでいるが、そのほぼ中央に位置する聖ネポムク［聖ヤン・ネポムツキー］は、橋を渡る人々を守る聖人として、ヨーロッパでは広く知られている。彼が橋の守護聖人になった経緯は次のようである[51]。

神聖ローマ皇帝カレル［独、カール］四世の息子で、残忍さによって知られるドイツ（チェコ）王ヴァーツラフ［独、ヴェンツェル］四世は、側近の讒言によって、妃ヨハンナの貞操を疑い、その頃プラハ宮廷で贖罪司祭を務めていたネポムクに、妃の告白の内容を打ち明けるように要求した。ネポムクが妃の潔白を主張し、王の要求を拒否したため、激怒した王はネポムクを捕らえて拷問し、その後、モルダウ河の橋の上から縛ったまま投げ落とし溺死させた。その時、奇跡が起り、ネポムクの遺骸に五つの星が輝いた。人々は彼を川から引き上げ埋葬した。それから三百年後、プラハ大聖堂の彼の墓が開けられたとき、彼の舌だけは生前のままであった。これは妃の告白の秘密を守り通したことへの神の祝福だと人々は信じた。橋から投げ落とされて殉教死したネポムクはその後、河流、橋、道を守る聖人として、その彫像がプラハのみならずヨーロッパ各地の橋に建てられた。

ネポムクの死から四百年余り後、湯治保養のために、しばしばチェコのボヘミア地方を訪れていた詩人ゲーテ(52)は、「知名の人」Celebrität と題する詩（一八〇六年）をこの聖人に捧げた(53)。「大きな橋、そして小さな橋の上に／様々な姿のネポムクが立っている／金属の、木製の、描かれた、石の像が、／高々と巨大に、そして人形のように小さく。／それを前にすると誰もが敬虔な気持ちになる、／ネポムクは橋の上で生命を失ったのだから。」この第一節は、橋の守護聖人に関する伝説がいかに人口に膾炙していたかを如実に物語っている。さらに晩年、ゲーテはふたたびペンを執って歌う。

聖ネポムク祭の前夜

カールスバート、一八二〇年五月十五日

小さな光が川を泳いでいる、

子供たちがあちこちの橋の上で歌っている、
大聖堂の大きな鐘、小さな鐘の音が
敬虔な歓喜の心と溶け合う。

小さな光は消え、星たちも消える。
こうして我らの聖者の魂は
離れたのだった、委ねられた過失を
告げてはならなかったから。

小さな光よ、泳げ！披露せよ、子供たち！
子供の合唱を、さあ、歌え、歌え！
そして同じくらい告げよ
星たちに星を加えるものが何なのかを。(54)

聖ネポムクを称える祝日の前夜祭に灯された〈小さな光〉Lichtlein が川を流れ、大聖堂の鐘と子供たちの歌声が融合する、清らかで美しい情景が繰り広げられたあと、一転して、聖人にまつわる痛ましい伝説が遥かな過去から蘇る。詩人は子供たちに呼びかける、歌え、そして聖人の記憶を今こそ告げよ、と。告解の秘密を守ることで殉教したネポムクへの熱い想いは、もしかしたらゲーテ自身の秘密の体験と重なり合っていたのだろうか。

さて、阿部謹也氏によれば、交通の要衝としての橋は、中世ヨーロッパにおいては、国王あるいは領域君主の大権に属していた(『中世を旅する人びと』)(55)。しかし十二、三世紀になって商業交通が繁栄すると、橋不足を解消するため、地域共同体が橋梁建設に取り掛かる。その際、経済的目的はもとより、宗教的な目的がこれに関与したようだ。十二世紀初頭、「運河や橋をつくり、かくして天国への汝の道を開け」とホノリウスは富者に呼びかけ、教皇クレメンス三世は、一一八九年、橋梁建設兄弟団を承認して贖宥符を与えた。橋はこの世における善行の象徴として、寄進の対象となったのである。

グリム兄弟が『ドイツ伝説集』に収録した「橋の上の宝の夢」(56)は、ドナウ川に架かるレーゲンスブルクの石橋を舞台としている。一一八二年、皇帝フリードリヒ一世によって特許状を与えられたこの橋は、一一三五年に建設されている。またドイツ・エアフルトのゲラ川に架かるクレーマー橋は最も古く、一一一七年に完成している。ヤーコプ・グリムは「橋の上の宝の夢」講演の中で、その伝説の起源を十二世紀のパリに想定しているが(57)、実際、当時ヨーロッパはまさしく橋梁建設のラッシュ時代であった。

プラハのカレル橋が造られたのは、少し時代を下って、一三五七年から一四〇六年にかけてと言われ、聖ネポムクがこの橋から投げ落とされたのが一三九三年なので、橋の完成間近の頃だった。ヨーロッパではそれ以前から、橋梁建設はあの世への〈架け橋〉の性格（寄進）もあったので、橋には、様々な意味で、宗教的なものが介在していた。

わが国の歴史においてはどうだろうか。ここでもやはり、橋は宗教、特に聖人《ショウニン》との関わりが深かった。その代表は行基（六六八―七四九年）であろう。[58] 平城京の造営が始まった頃、地方から徴発された多くの役民を救済するべく活躍していた行基は、次第に人々を結集し、首長層の布施と協力を得て、橋や道や船宿を建設し、大乗仏教の菩薩道を実践した。彼はそのために〈行基菩薩〉とも呼ばれた。『今昔物語集』「本朝仏法部」第二「行基菩薩、仏法を学びて人を導きたる語」には、彼が摂津国の難波の江の橋を架け、「悪しきところをば道を造り、深き河には橋をわたしたまひけり」と記されている。[59] さらに同部の他の箇所では、高麗の僧道登が「功徳のために、始めて宇治の橋を造り渡さむと思ふ心ありて営みける」（第三十二）様子が語られている。[60] 日本においても、橋が聖人といかに深い関わりを持っていたかが分かる。

その著『俗聖沿革史』（一九二一年）の中で柳田国男は、行基の名を挙げながら、勧進が貴い職分であったこと、京都・加茂川の五条の橋がその意味で〈勧進橋〉と呼ばれたことに言及している（四「勧進の元祖と末流」）[61]。ともあれ、橋の造営には、洋の東西を問わず、聖人（宗教者）が少なからず与っていたのである。中でも、ヨーロッパの橋の守護聖人である聖ネポムク伝説は、国家と宗教、権力と自由、俗と聖の激しい軋轢を背景にしているだけに、人々に深い感動を与えたのであろう。橋に立つ聖人の像は、そこを通る人々の心に、強く美しい魂の何たるかを、無言のうちに問いかけている。

D　亡霊／鬼

最後に、ふたたび橋の暗部に戻りたい。橋の上あるいは周辺に亡霊が出る話は、日本では橋姫伝説や『今昔物語集』などでも有名であるが、ドイツにもやはり類似のものがある。

バルト海に面したポンメルン地方の伝説「ピュリッツの橋の上の亡霊」Der Spuk auf der Brücke zu Pyritz[62]はこんな話である。

ピュリッツ［現在ポーランド領］からシュタールガルトに向かう途中に一つの石橋があって、そこではしばしば不思議な亡霊が見られた。七年戦争［一七五六年から七年間、フランス・ロシアと同盟したオーストリアとイギリスの支援を受けたプロイセンとの間に行われた」の頃、ロシア人がこの地方にやって来たとき、一人の老人が、幼い息子を連れて敵を逃れ町に向かおうとしていた。しかし運悪く、ちょうどこの橋の上で彼はロシア人に襲われ、息子と共に打ち殺された。今日、夜になると、この老人の姿が橋の付近に見られる。彼は橋の真ん中で、死んだわが子を抱いて立っている。二人とも明るい灰色の服を着ているが、それには多くの血痕が見られる。ほんの数年前、一人の農夫が彼の姿を見たことがある。農夫は夜、穀物を町に運ぶためにこの道を通っていた。橋のところにやって来ると、突然、彼の馬たちが立ち止まり、どうしても橋を越えようとはしない。農夫は馬車を降り、馬の手綱を取った。一方、下男たちは馬たちを取り押さえなければならなかった。こうしてようやく農夫は、不安のあまり全身で震え汗をかいていた馬を動かすことに成功した。が、動き出すや否や、馬たちは一目散に逃げ出した。農夫と下男たちがピュリッツの町の門の前で馬たちをふたたび見つけたとき、周囲を眺めると、亡霊の姿が見えた。

もう一篇、同じくバルト海に面したメクレンブルク地方の伝説「ノイ・ブランデンブルク近く、シュポンホルツとヴァールリンの間に架かる古橋の亡霊」Vom Spuke an der alten Brücke zwischen Sponholz und Warlin bei Neu-Brandenburg を紹介したい(63)。

同地からフリートランドに向かう国道近くに古い石橋がある。昔からここは幽霊が出る噂があって、遅い時刻にここを通った人はよくないことが起った。二十年以上前、農家に仕えていた下男が私に語ったことだが、彼が夜遅く二頭立ての四輪馬車でこの道を行ったときのこと。橋に来ると、馬たちが越えようとしなかった。彼がいくら鞭打っても、馬たちは棒立ちになり、引き下がった。下男はそのとき、引綱の一方を本［十字架］結びにすれば、亡霊は退くとかつて聞いたことを思い出した。そこで馬から飛び降り、本結びを作るや否や、馬たちは突進し、泡汗に覆われた馬と共に、彼は家に辿り着いたのだった。

以上二篇は、ドイツ北東部メクレンブルクーフォーアポンメルン州（一部ポーランド領）の伝説である。当地には今日、二六〇の自然保護区があって、農業と観光業が盛んで、なお手付かずの豊かな自然が残されている。最初の伝説は十八世紀半ば、二番目のものは現代の話である。前者では、七年戦争の只中で、ロシア兵に殺された子供連れの老人が、その現場である石橋に亡霊として出没する。異様な雰囲気を直感した馬たちは、恐ろしさのために橋を渡ろうとしない。ようやく市門に辿り着くと、彼らを追ってきたのであろう、亡霊の姿が見える。後者の話では、昔から幽霊が出る噂のある石橋で、馬たちが棒立ちになる。手綱を「本［十字架］結び」Kreuzknoten にして、農夫はようやく危機を脱する。ポンメルンの伝説では亡霊の正体は明らかだが、メクレンブルクの伝説では不明のままである。いずれにせよ、亡霊が［石］橋に出没し、動物［馬］が直感的にその一種異様な不気味さを感じている。

　右の伝説の「亡霊」は、原題では Spuk［シュプーク］となっている。実体的（?）な「幽霊」が Gespenst［ゲシュペンスト］呼ばれるのに対して、Spuk は「幽霊現象」あるいは「妖怪現象」、「妖怪めいたもの」を意味する。語源辞典によると、[64] Spuk は低地ドイツ語に特有の語で、十七世紀に高地ドイツ語（標準ドイツ語）に受容されたようだが、低地ドイツのポンメルンとメクレンブルクはそれ故、Spuk の本場と言ってよい。ともあれ、これら北ドイツの伝説には、何故か不安で不気味な雰囲気が漂っている。橋にはそういった雰囲気を醸し出す何かが内在しているのだろうか。

　視点を変え、わが国の民間伝承を覗いてみると、そこでもやはり橋と亡霊との結びつきは明らかである。『今昔物語集』「本朝世俗部」第十三「近江国安義［あき］の橋の鬼、人を食ひし語」は次のような話である。[65]

今は昔、近江の守の館に勇ましい男たちがいた。噂話で安義の橋を昔は人が通ったが、今は何故か行かないと話していると、武事に自信のあった一人が、たとえ鬼が出ても、館一番の馬でなら橋を渡れる、と言って出掛ける。日暮、人気のない橋の半ばに人がいる。紅の袴姿の、口を覆い、心苦しい目つきの女である。こんな所に哀れな女がいるのは怪しいと思った男が無言で通り過ぎようとすると、女の声が地を響かす、「あな、情けなし」と。女［＝鬼］は馬の尻に手をかける。が、油を塗っていた馬は捕まらない。帰宅した男の家に物怪が出て、陰陽師に聞くと、その日は門を閉じよ、と占う。その日、男の弟が訪ねてくる。物忌みの日だからと断るが、気の毒になって入れる。兄弟が話をしているうちに取っ組み合いとなり、弟が下になったとき、男が妻に太刀をくれと言うが、妻は物に狂ったのかと言って、夫にそれを渡さない。すると弟が上になり、男の首を食い切り落とす。妻の方を向いたその顔は橋で夫を追った鬼であった。

同じく『今昔物語集』(66)同部第十四「東国より上る人、鬼にあひし語」は勢田の橋に出没する鬼の話である。

今は昔、日暮に勢田の橋を渡った人が、人気のない荒れた家を見つけ、従者と共にそこに泊まる。夜更け、眠れずに火をともしていると、鞍櫃の蓋が開く。鬼だと思った男は、そっと馬で逃げ出す。蓋をあけて追いかけてくる者がいる。勢田の橋のところで、逃げ切れないと悟った男が、馬を捨て、橋の下の柱の許に隠れて、観音助け給え、と祈っていると、鬼が来て、恐ろしい声で、何処にいる、と呼ぶ。

右の二篇は、橋に出没する鬼の話である。鬼の形相は、第十三本文によれば、「面は朱の色にて、……、目一つあり。丈は九尺ばかりにて、手の指三つあり。爪は五寸ばかりにて刀のやうなり。色は緑青の色にて、目は琥珀のやうなり。頭の髪は蓬の如く乱れて、見るに心胆惑ひ怖ろしきこと限りなし」である。北ドイツの橋に現れる亡霊は、具体的な人物（ロシア人に殺された老人と子供／ポンメルン伝説）のそれであるか、得体の知れない何か（メクレンブルク伝説）であるが、『今昔物語集』の鬼には一種異様なリアルさがある。

鬼は一般に、人々に危害を与える邪悪な霊のイメージがある。中国語の鬼は端的に死者の魂あるいは亡霊を意味すると言われるが、(67) わが国における鬼の観念は、仏教・道教・陰陽道・修験道などの影響を受け、説話文学や民間の昔話の中にも受容される中で、多彩な性格づけがなされ、結果、鬼の系譜は、〈一〉祝福に訪れる祖霊や地霊など、日本最古のもの、〈二〉山姥、天狗など、山人系あるいは修験道系、〈三〉邪鬼、夜叉など、仏教系、〈四〉鈴鹿の鬼など、放逐者や賎民系、〈五〉怨恨や憤怒など情念が鬼と化した変身譚系、以上五つに分類されるようだ[68]。先に見た『今昔物語集』の鬼は〈五〉の性格が濃厚であるが、それにしても、わが国の鬼、そしてドイツの亡霊は何故に好んで橋に出没するのだろうか。

この謎を解くヒントの一つは、古来有名な橋姫伝説に潜んでいるように思われる。『神道集』巻七、三十九「橋姫明神の事」にはおよそこう記されている[69]。橋姫は日本の大小の川に架けられた橋を守る神である。摂津長柄の橋姫、淀の橋姫、宇治の橋姫などが知られている。斉明天皇の御代に、摂津で長柄の橋が架けられたとき、人柱が立てられた。それが橋姫の由来である。それ以前にも架橋はしばしば試みられたが、流されてしまうので、人柱が密かに計画された。そこに膝のやぶれを白い布切れで縫い付け、浅黄の袴をはいた男が通りかかった。幼い子供を背負った妻もいた。彼らが休んでいると、野原から雉の鳴き声がした。それを聞いて人々が追い詰めて射殺した。可哀想に、自分から鳴き声をたてなければよかったのに、と男は呟いた。橋の材木に座っていた男は、膝の破れを白い布切れで繕った浅黄の袴をはいた人を人柱に立てれば、架橋は成功するだろう、と差し出口を言った。妻が繕っていたことに気付かなかったのだ。これを聞いた橋奉行は、それはお前だと言って、男を妻と一緒に人柱に立てた。妻は歌を一首、橋柱に結わえて、幼子を背負ったまま川に身を投げた。「物いへば長柄の橋の橋柱鳴かずば雉のとられざらまし」。人々は哀れんで橋の際に社を建て、橋姫明神として祭った[70]。

諺〈雉も鳴かずば打たれまい〉（無用のことを言わなければ、災いを受けない）の由来となった有名な伝説である。困難な架橋工事を完成させるために、人命を犠牲にした人柱の風習は、わが国以外にも、イギリスのゴンムの著作などに見られる、と柳田国男は指摘しているが[71]、この人柱伝説は橋をめぐるヨーロッパの民俗の深層に共通しているようである。本稿の最後に、その問題に触れてみたい。

結び

『ドイツ俗信辞典』によると[72]、原始的な信仰では、あらゆる川には神がいて、橋は川が形成する自然の境界を取り払うので、人々は犠牲を捧げることによって、河神を宥めなければならなかった。それによって、橋は神の保護下に置かれ、橋そのものが神聖なものとなった。古代ローマで〈大神官〉を意味するラテン語 pontifex は、〈橋〉pons を〈造る〉facere に由来する。大神官はかつて、宗教行事を統括する役目を担い、架橋する川の河神を特別の儀式によって崇拝し宥める任務も担っていた(73)。また、そもそも難工事であった橋を完成させるために、伝説によれば、犠牲も捧げられた(74)。

橋の守り神である橋姫は、元来、架橋工事の際の犠牲に由来するが、犠牲者の無念と怨念を鎮めるべく、人々は橋の袂に犠牲者を女神として祭ったのだった(柳田国男「橋姫」)。こうして、〈犠牲〉という痛ましい営為の遥かな記憶が、東西の橋伝説の共通の背景となっていることを忘れてはならない。自然(=川/河神)を宥めながら、人間の生活にとって不可欠の建築物(=橋)を造ろうとする企て(あるいは観念?)が、ヨーロッパにおいても、またわが国においても、橋伝説を生み出していたのである。

さらに、『ドイツ俗信辞典』によれば(75)、多くの法的行為あるいは魔術的行為は、境界[聖と俗、此岸と彼岸、等々]で行われなければならなかったので、橋の付近あるいは上で施行されたと言う。これに関して、ヤーコプ・グリムは『ドイツ法律故事誌』Deutsche Rechtsaltertümer の中でこう述べている。古い時代の裁判では、森や水の中あるいは近くなど〈神聖な場所〉が選ばれた。それ故、水に架かる橋の手前や上でそれはしばしば施行された(〈橋裁判〉Brückengerichte)。また低[北]ドイツでは十八世紀に至るまで、橋の上で祝祭、食事、酒宴など、共同体にとって重要な行事を行う風習が残っていた(第六書第二章)(76)。

ところで、柳田国男は「橋姫」論文の中で、〈ネタミ〉という日本語が初期の頃には、〈妬み〉というよりは、〈憤り〉または〈不承知〉を意味していたと指摘する。人々はこのネタミのエネルギーを、外界から来襲する敵［病／悪霊、等］の防御力にするべく、境界である橋に橋姫を祭ったのである。[77] しかし元来が人柱とされた人物の〈憤り〉、即ち〈ネタミ〉は、人々の意識から完全には払拭されず、昔話や伝説といった口承文芸の中に、その遥かな記憶をとどめている。辞書解説「橋姫」[78]の中で、柳田は、先に紹介した『今昔物語集』の安義の鬼女についてこう語る。「我々の文化が改まり、水を制する技術が進歩した結果、この神に対する民衆の信仰がいち早く衰えんとしていたのである。妖怪は即ちこの過去の崇敬の消え行く姿、以前の畏怖と不安との幽かなる名残であった」、と。妖怪（鬼／橋姫）の正体は、水の神として後に祭られた人柱＝橋姫の〈憤り〉あるいは〈ネタミ〉に他ならない。

一方、ヨーロッパにおいても、橋を守るべく、初期の時代には、河神への崇拝が行われた。しかしキリスト教が普及してからは、橋の中央に、古い河神に代わって、聖者（ネポムク等）の立像が置かれたのである。[79] 俗信によると、人は橋を渡るとき、悪霊［デーモン］から身を守るために、三度唾を吐く。[80] また埋葬後、会葬者は、死者がついて来ないように、橋を通らずに、川を渡って帰宅する。死者は川を渡ることが出来ないとされているからである。[81] さらに、人は新生児を抱いて橋を渡ってはならない。水の精がその子を取替っ子と交換するからである。[82] また、橋に立つネポムクの像の周辺には、様々な種類の幽霊が姿を現すとも言われる。[83]

こうした一連の俗信＝民間信仰の背景には、察するに、柳田のいわゆる〈ネタミ〉の要素が潜んでいるのではあるまいか。キリスト教的な神を妬む〈土地の霊〉genius loki（河神＝霊を含む）[84]、生者を妬む死者、健康な美を妬む醜、等々、歴史の表面から退散して舞台裏に回った霊の系譜の数々が、橋の周辺には絶えず徘徊しているかのようである。古代ゲルマンの地に初めて本格的にキリスト教を広めるべくイギリスから派遣されたベネディクト会修道士ボニファティウス［ウィンフリド］（六七五―七五四年）は、異教信仰の中でも特に〈犠牲〉の風習に衝撃を受けた。[85] その後、キリスト教が次第に普及し、ヨーロッパ各地に橋が建設され始めた十二世紀頃になると、恐らくこの風習も遠い過去の出来事になってしまったにちがいなく、犠牲の記憶も薄れていったと思われる。そして橋はその間にも、最初に見たように、商業、裁判、祝祭、等々が営まれる歴史の表舞台として、また多くの情報が飛び交う求心的な場所として、人々に良き知らせをもたらす場となっていたのである。[86]

それに対してわが国では、十四世紀（『神道集』）にもなお橋姫伝説が語られ、他ならぬ柳田国男も、人柱に関する伝承を『遠野物語拾遺』の中に収録している（二五、二六、二八）[87]。また辞書解説「人柱」の中でも、その伝説が「我が国では頗る民衆に信じられ易かった事情があったらしい」と推測する。[88]この〈信じられ易かった事情〉は恐らく、わが国の精神的風土に特徴的な、柳田のいわゆる〈ネタミ〉に由来するのかも知れない。いずれにせよ、ヨーロッパの橋、日本の橋にまつわる伝説を読んでいると、そこに宗教や地域や人種や言語などの差異を超えて、何か神秘的な要素が秘められていることは間違いない。その要素は、ヤーコプ・グリムが「橋の上の宝の夢」に関して語った言葉を借りると、[89]「すべてに共通する常に斬新な根源、相当に深く、殆ど認識不可能な背景」に還元される類のもので、柳田国男が口承文芸の東西の一致に関して語った例の言葉と符合する。すなわち、「今日はまだはっきりと説明し得ないにしても、これは何かよくよくの、まったく我々の知らない原因がある」[90]。橋の伝説はこの〈根源〉あるいは〈原因〉を、歴史の遥かな深みから時折ふと、我々に覗かせてくれるのではあるまいか。

注

（1）『日本民俗大辞典』下、吉川弘文館、二〇〇〇年、三五五頁「橋」の項（佐野賢治）。
（2）「細語の橋」、『定本柳田国男集』第九巻、筑摩書房、一九七七年／『柳田国男全集』7、ちくま文庫版、一九九〇年、所収。

（3）「西行橋」、『定本柳田国男全集』第九巻／『柳田国男全集』7、ちくま文庫版、所収。

（4）「一目小僧その他」、『定本柳田国男全集』第五巻、筑摩書房、一九七七年／『柳田国男全集』6、ちくま文庫版、一九八九年、所収。

（5）「橋の名と伝説」、『定本柳田国男全集』第五巻／『柳田国男全集』6、ちくま文庫版、所収。

（6）「味噌買橋」、『定本柳田国男全集』第六巻、筑摩書房、一九七七年／『柳田国男全集』8、ちくま文庫版、一九九〇年、所収。

（7）「大工と鬼六」に関しては、『口承文芸研究』第十一号、日本口承文芸学会、一九八八年、所収の高橋宣勝氏、桜井美紀氏の論文、「味噌買橋」に関しては、同、第十五号、一九九二年、所収の桜井美紀氏、竹原威滋氏の論文を参照。

（8）『妖怪の民俗学』宮田登著、ちくま学芸文庫、二〇〇五年。

（9）『橋と遊びの文化史』平林章仁著、白水社、一九九四年。

（10）『グリム童話と近代メルヘン』竹原威滋著、三弥井書店、二〇〇六年。

（11）『柳田国男全集』8、ちくま文庫版（以下、同版）、四六一頁。

（12）Deutsche Sagen, hrsg. von den Brüdern Grimm. Ediert und kommentiert von Heinz Rölleke, Deutscher Klassiker Verlag, Frankfurt am Main, 1994.（DSと略記）S. 251-252（但し、二二一番）、邦訳、グリム『ドイツ伝説集』桜沢正勝・鍛治哲郎訳、上、人文書院、一九八七年、（二二二番）二五〇―二五一頁。「味噌買橋」、『日本の昔ばなし』二、関敬吾編、岩波文庫、一九八七年、八五―八六頁。

（13）DS, S. 251f. 邦訳『ドイツ伝説集』上、二五〇—二五一頁。

（14）『イギリス民話集』河野一郎訳、岩波文庫、二〇〇四年、一〇四—一〇六頁。

（15）『日本昔話事典』、稲田浩二・大島建彦・川端豊彦・福田晃・三原幸久編、弘文堂、一九九九年、八九〇—八九一頁「味噌買橋」の項（三原幸久）。

（16）Jacob Grimm, Der Traum von dem Schatz auf der Brücke: Jacob Grimm, Kleinere Schriften 3, Olms-Weidmann, Hildesheim/Zürich/New York, 1991, S. 414–428..

（17）a. a. O., S. 424.

（18）Jacob Grimm, Deutsche Rechtsaltertümer, 2Bde., Wissenschaftliche Buchgesellschaft, Darmstadt, 1994（DRと略記）Bd. 2, S. 419f.

（19）『柳田国男全集』8、六二五—六三二頁。

（20）前掲書、六三〇頁。

（21）平凡社『大百科事典』第十一巻、一九八五年、「橋」の項（阿部謹也）。

（22）『中世を旅する人びと』阿部謹也著、平凡社、一九八一年、「道・川・橋」。

（23）『柳田国男全集』7、五五〇頁。

（24）Handwörterbuch des deutschen Aberglaubens, hrsg. von E. Hoffmann-Krayer, Mitarbeit zahlreicher Fachgenossen von Hanns Bächtold-Stäubli, 10Bde., Walter de Gruyter, Berlin, 1927–1942. Nachdruck, 2000（Aberglaube）, Bd. 1, S. 1659–1665.

（25）Enzyklopädie des Märchens, hrsg. von Kurt Ranke, Walter de Gruyter, Berlin, New York,（EM）Bd. 2, 1999, S. 823–835.

(26) アールネ／トンプソン『昔話のタイプ』Antti Aarne and StithThompson, The Types of the Folktale, Helsinki, 1987（1961 Second Revision）（AT）では、一六四五番「自分の住む場所にある宝物」The Treasure at Home に分類されている。

(30)『日本の昔ばなし』三、関敬吾編、岩波文庫、一九八八年、一一七―一一八頁。

(31) 序、注(17)参照。

(32)「ルンペルシュティルツヒェン」Brüder Grimm,Kinder-und Hausmärchen, hrsg. von Heinz Rölleke, Philipp Reclam jun., Stuttgart, 3Bde., 1982/83,（KHM）Bd. 1, S. 285–288、邦訳『完訳グリム童話集』2、金田鬼一訳、岩波文庫、一九九三年、「がたがたの竹馬こぞう」一七六―一八二頁。

(33)「トム・ティット・トット」、『イギリス民話集』河野一郎編訳、岩波文庫、二〇〇四年、一二三―一三二頁。

(34)「リカベール・リカボン」、『フランス民話集』新倉朗子編訳、岩波文庫、二〇〇四年、一一三―一一五頁。

(35)「悪魔の名前」、エスピノーサ『スペイン民話集』、三原幸久編訳、岩波文庫、一九八九年、一七三―一七六頁。

(36)『柳田国男とヨーロッパ』高木昌史編、三交社、二〇〇六年、一七九―一八二頁。

(37) Johannes Bolte und Georg Polivka, Anmerkungen zu den Kinder- und Hausmärchen der Brüder Grimm, 5Bde., Leipzig, 1913–1932, Neudruck, Georg Olms Verlag, Hildesheim/New York, 1982（4Bde.）, Bd. 1, S. 490–498.

(38) Lutz Röhrich, Tom Tit Tot-Ricdin Ricdon-Rumpelstilzchen. In: <und weil sie nicht gestorben sind... <.Anthropologie, Kulturgeschichte und Deutung von Märchen, Böhlau Verlag, Köln/Weimar/Wien, 2002.

(39) Albert Niederhöffer, Mecklenburg's Volkssagen, Edition Temmen, Bremen/Rostock, 1998. S. 265–267.

(40) 桜井美紀「〈大工と鬼六〉の出自をめぐって」(『口承文芸研究』第十一号、一九八八年、所収)。

(41) DS, Nr. 185, S. 234–235. 邦訳『ドイツ伝説集』上、一八六番、二三〇—二三一頁。

(42) DS, Nr. 201, S. 241–242. 邦訳『ドイツ伝説集』上、二〇二番、二三九頁。

(43) 聖ニクラス(ニコラウス)、ヨーロッパでは橋の守護聖人としても知られている。Wörterbuch der deutschen Volkskunde, begründet von Oswald A. Erich und Richard Beitl, 3. Aufl., Alfred Kröner Verlag, Stuttgart, 1974, S. 599.

(44) 注(40)参照。

(45) Jacob Grimm, Deutsche Mythologie, Olms-Weidmann, Hildesheim/Zürich/New York, 2001, (DM) Bd. 2, S. 852f.

(49) 聖クリストフォロス、デキウス帝のもとで殉教死した聖人。幼児キリストを背負って川を渡る姿でしばしば描かれる。現代では交通の守護聖人。なお、『守護聖人』植田重雄著、中公新書、一九九一年、参照。

(50) 聖ネポムク、Aberglaube, Bd. 4, S. 704.

(51) Aberglaube,ebd. および前掲書『守護聖人』参照。

(52) ゲーテ、ヨハン・ヴォルフガング、Goethe, Johann Wolfgang, 一七四九—一八三二年、ドイツ詩人。一七八五年から一八二三年まで合計十七回、当時オーストリア領ボヘミア(チェコ)のカールスバート、マリーエンバート等に湯治保養に出かけた。
(53) Johann Wolfgang Goethe, Sämtliche Werke, Briefe, Tagebücher und Gespräche, Deutscher Klassiker Verlag, Frankfurt am Main, Bd. 2, 1988, S. 76.
(54) a. a. O., S. 475.
(55) 『中世を旅する人びと』阿部謹也著、平凡社、一九八一年。「道・川・橋—一」。
(56) 「橋の上の宝の夢」、一夢(占)注(1)参照。
(57) J. Grimm, Der Traum von dem Schatz auf der Brücke, S. 419.
(58) 行基の活動については、体系『日本の歴史』3古代国家の歩み、吉田孝著、小学館、一九八八年、「大仏開眼」の項(一九六—一九七頁)参照。
(59) 『今昔物語集』「本朝仏法部」佐藤謙三校注、上巻、角川文庫、一九九九年、二二一—二二六頁。
(60) 『今昔物語集』「本朝仏法部」佐藤謙三校注、下巻、二〇〇〇年、一〇三頁。
(61) 『柳田国男全集』11、一九九〇年、五五六—五六〇頁。
(62) J. D. H. Temme, Die Volkssagen von Pommern und Rügen, Georg Olms Verlag, Hildesheim/Zürich/New York, 1994, S. 284.
(63) a. a. O., S. 223–224.
(64) Der Große Duden, Bd. 7, Etymologie, Bibliographisches Institut, Mannheim/Zürich, 1963, S. 666.

(65) 『今昔物語集』「本朝世俗部」、佐藤謙三校注、上巻、一九九九年、三四四―三四九頁。
(66) 前掲書、三四九―三五〇頁。
(67) 『日本民俗大辞典』上、吉川弘文館、一九九九年、二七一頁「鬼」の項（池上良正）。
(68) 馬場あき子氏の分類、前掲書参照。
(69) 『神道集』貴志正造訳、「東洋文庫九四」、平凡社、一九九八年、一一三―一一五頁。
(70) 宮田登『妖怪の民俗学』、平林章仁『橋と遊びの文化史』参照。
(71) 『柳田国男全集』6、三六九頁。
(72) Aberglaube, Bd. 1, S. 1659–1660.
(73) Menge-Güthling, Langenscheidts Großwörterbuch, Lateinisch, Teil 1, Lateinisch-Deutsch, Langenscheidt, Berlin/München/Wien/Zürich, 23Aufl., 1988, S. 579.
(74) Aberglaube, Bd. 1, S. 1660/EM, Bd. 2, S. 823.
(75) Aberglaube, Bd. 1, S. 1660.
(76) J. Grimm, DR, Bd. 2, S. 411–459.
(77) 『柳田国男全集』6、三六七―三六八頁。
(78) 『定本柳田国男集』第二六巻、筑摩書房、一九七七年、「橋姫」三四二―三四三頁。なお、『日本民俗大辞典』下、吉川弘文館、二〇〇〇年、三五五頁「橋」の項（佐野賢治）、三五七―三五八頁「橋姫伝説」の項（山本節）および宮田登『妖怪の民俗学』参照。
(79) Aberglaube, Bd. 1, S. 1660.
(80) a. a. O., Bd. 1, S. 1688.

(81) a. a. O., Bd. 1, S. 1668.
(82) a. a. O., Bd. 1, S. 1685.
(83) a. a. O., Bd. 4, S. 704.
(84) EM, Bd. 2, S. 823.
(85) a. a. O., Bd. 1, S. 1476f.
(86) J. Grimm, DR, Bd. 2, S. 411-459.
(87) 柳田国男『遠野物語』「付・遠野物語拾遺」、角川文庫、二〇〇七年、九〇―九三頁。
(88)『定本柳田国男集』第二六巻、前掲書、「人柱」三五三―三五四頁。
(89) J. Grimm, Der Traum von dem Schatz auf der Brücke, S. 426.
(90)『柳田国男全集』8、四六一頁。

7

比較民話研究の歴史

―グリム兄弟／柳田国男／C・G・ユング

序

『昔話覚書』の中で、柳田国男は『昔話と文学』が「一国の文学」を考えようとしたのに対して、「こちら〔『昔話覚書』〕は主として二つ以上の懸け離れた民族の間に、どうしてこの様な一致又は類似があるのかを、考へてみようとした試みのつもりであった」と語る（「改版序」／一九五七年）。第二次世界大戦の混乱によって、その計画は「中止」してしまったのだが、「実は始めから、これは一人では覚束ない大事業であった」[1]、と彼は述懐する。

『昔話覚書』初版は一九四三年に刊行された。それから三五年近くが経過した一九七七年、ドイツでは『昔話百科事典』Enzyklopädie des Märchens（以下EMとも略記する）の刊行が開始された。同事典の「序文」は、第二次世界大戦中、第二巻までで頓挫してしまった先駆的事業、ルッ・マッケンゼン編の『ドイツ昔話辞典』Handwörterbuch des deutschen Märchens（一九三〇／一九四〇年）に触れ、「国民的に限定され、また主題的にもやや狭い構想の枠内でこれを続行するのは、あまり意味がないように思われた。物語研究は今日、学際的で全世界的な関連においてのみ展開され得るのである」[2]と、その壮大なプランを披露している。

マッケンゼンの『ドイツ昔話辞典』は、実は、柳田国男も愛読していた辞典であった。[3] その頓挫から四十年近く後、ドイツの民俗学者・口承文芸学者のクルト・ランケが、ヘルマン・バウジンガー、マックス・リューティ、ルッ・レーリヒ等、当代一流の専門家を執筆陣に、構想・着手したのが『昔話百科事典』である。同事典は、右に見るように、現代の学問動向を踏まえて、「学際的」interdisziplinär かつ「全世界的」weltweit な視野をモットーにしている。

同百科事典は「物語の歴史的および比較的研究のための辞典」Handwörterbuch zur historischen und vergleichenden Erzählforschung を副題とする。「序文」によれば、「EM（『昔話百科事典』）の重要な目標の一つは、口承および書承で伝えられた多種多様な民族の物語の財産を比較し、その歴史的、社会的、心理的および宗教的な背景を指摘する点にある」[4]。

「歴史」と並んで、「比較」vergleichen がこの膨大な事典を貫くキーワードであることが謳われているのだが、ここで想起されるのは、前述『昔話覚書』の中で、柳田がこう語っていたことである。「今から百何十年も前にグリム兄弟が、独逸の片田舎で聴き集めたものの中にも、日本で我々の祖先たちが、楽しみ語って居たのと先づ一つといってよい話が、五十は安々と拾ひ上げられると謂って居る人もある。今日はまだはっきりと説明し得ないにしても、是は何かよくよくの、全く我々の知らない原因があるのだと、いふこと迄は考へて見なければならぬ」[5]。また他の著作で、柳田は「到底その伝播の経路が分りさうもない話に、幾つとなき全世界の一致のあること」[6]、また「二つの遠く離れたものが、却って互ひによく似通うて居ること」[7]に驚き、「一致」に並々ならぬ関心を示している。柳田は「比較」を基軸にした『昔話百科事典』の到来を夢見ていたのである[8]。

それにしても、昔話は何ゆえにグローバルな規模でしばしば「一致」するのだろうか。「今日はまだはっきりと説明し得ない」「何かよくよくの、……原因」(『昔話覚書』)について、本稿は昔話の「比較」研究の視点から考えてみたい。その際、柳田が国際連盟委任統治委員会委員としてジュネーヴに滞在した頃(一九二一〜二三年)から、本格的に収集・研究し始めた西欧文献を折に触れて参照することにする。昔話研究の方法論を、彼はそれらの文献を手がかりに探求していたからである。中でも、フィンランド学派のA・アールネ/K・クローン、社会学のレヴィ・ブリュール、民族心理学のW・ヴントが注目されるが、それ以外に、以下では、柳田と直接の関わりはないものの、C・G・ユングの深層心理学を覗いてみたい。昔話の比較研究に、それは一条の光を投げかけてくれるように思われる。

A　A・アールネ／K・クローン—フィンランド学派

昔話比較研究の原点は、グリム兄弟 Brüder Grimm が彼らの『子供と家庭の童話集』Kinder-und Hausmärchen に付した「原注」Originalanmerkungen[9] に遡るが、方法論上の基礎はとりわけ、フィンランドの口承文芸学者アンティ・アールネ Antti Aarne（一八六七—一九二五年）と彼の師で同じくフィンランドの民俗学者カールレ・クローン Kaarle Krohn（一八六三—一九三三年）に求められる。彼らは「地理的・歴史的方法」geographisch-historische Methode（後述）の代表者として知られ、前者は、昔話の類型をはじめて体系化した『昔話タイプの索引』Verzeichnis der Märchentypen, 1910（FFC3）を刊行したことでも有名である。[10] 以下、二人の著作を見てみたい。

——柳田文庫にはアールネの索引を大幅に増補した次の文献が所蔵されている。

＊Stith Thompson: The Types of the Folk-Tale, Helsinki, 1928 (FFC74).

1　A・アールネ『昔話の比較研究』Vergleichende Märchenforschung, 1908

フィンランド出身のアンティ・アールネは、ロシアの大学で口承文芸学を学んだあと、故国ヘルシンキ大学で、主に同分野の比較研究の方法論を講じた。彼は『昔話タイプの索引』刊行の二年前、博士論文『昔話の比較研究』を発表している。(11) 同書の内容は、序説に続いて、第一章　昔話の起源、第二章　昔話の諸変化、第三章　地理的・歴史的研究方法、第四章　昔話研究の技術、第五章　実例として利用した昔話、となっているが、その第三章の中で、アールネは興味深い逸話を披露する。すなわち、研究者は「昔話の原型、発生の場所、時代および伝播の諸関係」を調査し、「昔話の内的生命の諸現象」へと迫ってゆかなければならない。しかしながら、と彼は付け加える。「〈それがすんだのちはじめて〉、カールレ・クローンはかって、おどけた調子でいっていた、〈本当の昔話研究がはじまるのだ〉。(12)」

昔話はある特定の場所で発生し、その後各地に伝播するとする〈移動説〉（ドイツのサンスクリット学者T・ベンファイ等）の系譜に、フィンランド学派は属していると一般的に理解されている（EM／第五巻(13)）。しかし右の一節からも分かるように、アールネは、その師クローンと同様、その先にあるものを、本来的な課題と見ている。右の引用に続いて、彼は言う、昔話の研究から、われわれは「元来昔話を組立てている諸要素、すなわち民間信仰とか習慣など」を調べ、また「民族心理学的諸現象」を説明することさえ可能であり、「諸民族相互の文化的影響[14]」を明らかにすることができる。ただし、と彼は付言する、それは「将来の研究の課題[15]」である、と。

多数の類話を収集しながら、昔話の伝播経路を追跡してゆく地理的・歴史的研究の彼岸にある、本命とも言うべき課題を、アールネは見据えていたのである。彼の『昔話の比較研究』は柳田文庫に所蔵されていない。関敬吾の邦訳が刊行されたのは、柳田没後の一九六九年のことであった。

2 K・クローン『民俗学方法論』Die folkloristische Arbeitsmethode, 1926

フィンランドの民俗学者カールレ・クローンは、前記アールネの師で、一九〇八年からヘルシンキ大学の教授を勤め、一九一一年から一九三三年までは、世界の口承文芸学の拠点である『フォークロア研究者通信』Folklore Fellows Communications（FFC）の最初の発行者を勤めた。

――柳田文庫には次の文献が所蔵されている。

＊.Academia Scientiarum Fennica. F. F. Communication, Edited for

Folklore Fellows, v. 14 (1923), 25 (1928), 33 (1930), 39–42 (1932–34), 46 (1935), 47 (1936), 70 (1958), 75 (1961).

フィンランドの叙事詩『カレワラ』の研究で知られるクローンは、民間伝承の収集・検証に基づいて地理的・歴史的研究を展開し、アールネの『昔話の比較研究』から二十年近く後、一九二六年、『民俗学方法論』(邦訳、関敬吾[16]) を発表した。

――柳田文庫には、次の原書が所蔵されている。

* Kaarle Krohn, Die Folkloristische Arbeitsmethode, Oslo, 1926.

関敬吾が邦訳を手がける以前から、柳田国男はすでに右のドイツ語原書を徹底的に研究していたが[17]、同書は、口承文芸の研究者にとって、今日もなお最重要の基本文献の一つである。クローンは同書七「地理的区分の根拠」の章で次のように述べている。

「ある伝承がその発生地外へ口頭によって伝播するといふことは、勿論、全共同体または個々の人間の移住によって、特に結婚の場合に起り得るのである。猟師、漁夫、手工業者、商人、水夫、兵士、巡礼、その他の旅行者の一時的な移動をも計算に入れなければならない。近隣との絶えざる交際による持続的影響には、ともかく、非常に大きな意義がある。」[18]（注　漢字は現代表記に改めた。以下同じ）

昔話の地理的・歴史的研究の原点であるこの「口頭」に関しては、宣教師の場合を加えるべきかも知れない。ともあれ、昔話は、類話の情報を多く収集できればできるほど、比較研究はその精度を増すことになるが、クローンは、注目すべきことに、次のようなフォン・シドォウの言葉を紹介する（同書二「研究範囲の区別」）。

「すべての民間文芸と特に民間伝説とは、普通、多かれ少なかれ迷信的な観念に浸されている。だから、昔話や伝説にその内容と特質との大部分を貸し与えている迷信的な観念を知らないでは、昔話や伝説を研究して成功を収めることは出来ない。同じく民間信仰と民間の慣習とは、昔話と伝説とを参考にしなければ十分に研究され得ない。なぜなら、この文芸は非常に古くからの遺産で、いまなお生きている慣行よりも、より古くより本源的な形式で、迷信的な観念と慣習とを、吾々に伝えうるものだからである。」[19]

昔話や伝説と、民間信仰や慣習とが、いかに互いに深く関わり合っているかを、クローンは指摘する。思えば、口承文芸学の基礎を築いたグリム兄弟、特に兄ヤーコプは大著『ドイツ神話学』（Deutsche Mythologie, 1835）[20]の中で、ドイツのみならずヨーロッパ規模で、民間信仰を豊富に紹介・解説していた。『子供と家庭の童話集』や『ドイツ伝説集』を刊行したグリムにとって、民間信仰の研究はまさしく表裏一体のものだったのである。昔話の「原型」「発生」「伝播」の調査・分析のあとに、はじめて「本当の昔話研究」が始まる、とクローンは弟子アールネに語ったが（前述）、昔話の比較研究にとって、「民間信仰」や「慣習」は不可欠であり、またその逆でもある。

ところで、アールネは昔話の「原型」に触れていたが、クローンの次の言葉はこれに関連している。「昔話の全体の骨組というものがあって、それを我々は昔話のあらゆる類話のなかに再認識するのではないか[21]」。また「すべての昔話の原形態はその固有の特別のモティーフをもっている[22]」。

以上の基本的認識は、アールネの『昔話タイプの索引』やS・トンプソンの『民間文芸のモティーフ索引』全六巻（一九五五―五八年）に集大成されることになる。

――柳田文庫には次の文献が所蔵されている。

＊ Stith Thompson: Motif-Index of Folk-Literature, vol. 1–6, Helsinki, 1932–1936（FFC106–109, 116–117）.

＊ Stith Thompson: Motif-Index of Folk-Literature, Helsinki, 1936.

最後に、クローンは『民俗学方法論』の中で、次のような興味深い発言をしている。「いろいろな土地で独立の変化または新創造があったという可能性が残るが、これは人間の空想が同じような働きをするものであることを証明している」[23]。

昔話はそれが定着した地域の個性を帯びることもあるが、それにしても「人間の空想が同じような働きをする」ことに、クローンは注目していたのである。こうした考えは、〈移動説〉を超えて、その逆の〈多元発生説〉―昔話は一定の条件が整えば、各地に互いに関係なく類似のものが発生し得る、とする理論[24]―に、限りなく近づいてゆく。次章では、心理学的な側面からこの問題を覗いてみたい。

B　C・G・ユング―深層心理学

スイスの心理学者カール・グスタフ・ユング（一八七五―一九六一）（図10）は、「人間の空想が同じような働きをする」ことに関して、深層心理学の観点から重要なヒントを与えてくれる。

偶然にも、ユングは柳田国男と同年に生まれ、柳田より一年前に没した。スイスと日本という洋の東西で、まったく同時代を生きた二人は、一方は心理学から民族学へ、他方は民族学・民俗学から心理学へ目を向けて、実は、無限に接近していた(25)。周知のように、柳田は一九二一年から一九二三年にかけて二度も、国際連盟の仕事でジュネーヴに滞在し、当時、ユングは同じスイスのチューリヒで活躍していたのだが、残念ながら、直接的な出会いはなかったようだ。

さて、クローンの『民俗学方法論』から八年後、一九三六年、ユングは論文『集合的無意識の概念』Der Begriff des kollektiven Unbewussten(26)を発表するが、その中で彼は「集合的無意識」についてこう語る。それは個人的無意識に由来するのではない「心」の部分であり、個人的無意識が、一度は意識されながら、忘れ去られ抑圧されたために意識から消えてしまったものであるのに対して、集合的無意識は、一度も意識されたことがなく、個人的に獲得

図10　カール・グスタフ・ユング（1875-1961）、1920年頃

されたものでもなく、「遺伝」によって存在しているものである。[27] ユングは続ける。

「〈元型〉という概念は集合的無意識に必ずついてまわるものであるが、それは〈こころ〉にはいくつもの特定の型式があるということを意味している。しかもそれらの型式はいつの時代にもどこにでも見出されるのである。神話学ではその型式を〈モチーフ〉と呼んでいる。未開人の心理についていえば、それはレヴィ・ブリュールの〈集団表象〉という概念に当たるものである。また比較宗教学の分野ではユベールとモースがそれを〈想像力のカテゴリー〉と定義している。アドルフ・バスティアンはそれをかなり以前に〈要素観念〉または〈原観念〉と名付けている」[28]。

「集合的無意識」は、個人的な無意識のさらに深層に横たわる、いわば「遺伝」的な素質として、人類に共通のものであり、それには幾つかの「型式」die Formen がある、とユングは言う。注目したいのは、彼が「集合的無意識」あるいは「元型」der Archetypus という概念を発想するに際して、神話学や比較宗教学の成果を援用していることである。引用文中、ユングはレヴィ・ブリュールの〈集団表象〉représentations collectives、ユベールとモースの〈想像力のカテゴリー〉Kategorien der Imagination、そしてバスティアンの〈要素観念〉または〈原観念〉Elementar-oder Urgedanken を、彼の「集合的無意識」や「元型」のほぼ同義語として列挙する。レヴィ・ブリュールは次章で触れることにするが、ユングが名を挙げているユベール H. Hubert（一八七二―一九二七年）とモース M. Mauss（一八七二―一九五〇年）はデュルケーム学派のフランスの社会学者で、原始民族の宗教社会学を研究して、共著『呪術の一般理論』（一九〇二／〇三年）を発表している。〈想像力のカテゴリー〉は、ユングの「集合的無意識」と「元型」の両概念を一体化したような概念と言えるかも知れないが、いずれにせよ、イギリス民族学派のタイラーなどに見られるように、〈原始〉primitive は、この時代の共通の関心事であった。

――柳田文庫には次のような文献が所蔵されている。

＊ Edward B. Tylor: Primitive Culture, London, 1913.

＊ Lévy-Bruhl: La mythologie primitive, Paris, 1935.

もう一人、ドイツ人アドルフ・バスティアン Adolf Bastian（一八二六―一九〇五年）は、船医として世界各地を訪れ、いわゆる自然民族を観察して、後に民族心理学を研究した人物で、彼によれば、「あらゆる大陸において、同じような条件の下では、同じような人間の思想が、鉄の法則で、我々に立ち現れてくる」（一八八一年、ベルリンでの地理学会）[29]という。バスティアンは、彼の体験から、植物の構造と比較しながら、至る所で「同種の基本イメージ」が発見される、として、ユングが引用した〈要素観念〉や〈原観念〉の概念を提唱したようである[30]。

以上のように、ユングは民族学や民俗学、また社会学や比較宗教学などから、人間心理を観察・分析するための種々の概念を援用しようとしていたのだが、それらの成果を踏まえて、彼はこう語る。「人間の行動が―意識的な判断による合理的な動機づけを除けば―もろもろの本能によって高度に左右されているということは、誰でも容易に認めることができる。それと同じようにわれわれの空想や知覚や思考は生まれつきの、誰にも備わっている型式原理 Formprinzipien によって左右されている」[31]。そして最後に強調する、「集合的無意識の概念は思弁的でも哲学的でもなく、経験的な事柄だ」[32]、と。

『集合的無意識の概念』の数年後、ユングはその具体例として、『母の元型論』（一九三八年）および『子供の元型論』（一九四〇年）[33]を次々に発表する。彼の「集合的無意識」あるいは「元型」論は、従来、昔話の比較研究にも多くの貴重な示唆を与えてきたが、柳田国男の「無意識伝承」の観念（本稿第五章）は、その発想と相通じ合う内容を持っているようである。

M・ラーツァルス／H・シュタインタール——民族心理学の誕生

ユングが集合的無意識の概念を提唱する半世紀以上も以前、ドイツでは「民族心理学」の研究がすでに開始されていた。ユングの深層心理学と関連して、また第四章で扱うW・ヴントの前史として、ここで、ラーツァルスとシュタインタールの業績を紹介しておくことにしたい。

モーリッツ・ラーツァルス Moritz Lazarus（一八二四—一九〇三年）は、ベルン大学とベルリン大学で教授を歴任した哲学者・民族心理学者で、様々な民族の精神生活を研究し、主著『心の生活』Das Leben der Seele、三巻（一八五六年以後）を発表した。またハイマン・シュタインタール Heymann Steinthal（一八二三—一八九九年）は、ベルリン大学教授を勤めた言語学者・哲学者である。両者は機関紙『比較言語学雑誌』（一八五二年）および『民族心理学・言語学雑誌』（一八六〇年）の中で、新しい学問としての「民族心理学」Völkerpsychologie のプランを掲げ、「諸民族の精神生活の要素と法則の学」を提唱した。彼らによれば、「言語、神話、宗教、儀式、慣習、法律そして文字の文化遺産から、〈民族心理学〉と呼ばれ得る複合体は構成される」とされ、認識の出発点を心理学と人類学および歴史に求めた[34]。

ユングが人間心理をいわば垂直の方向へ探求して、「集合的無意識」の深層心理学を開拓したとすれば、バスティアンおよびラーツァルス／シュタインタールは、人間心理を、世界の様々な原始／自然民族の観察から、いわば水平方向に比較考察して、彼らの民族心理学を確立したと言えるかも知れない。深層の方向に目を向けたユングが、水平に視線を向けるバスティアン等の業績に注目して、みずからの「集合的無意識」あるいは「元型」の概念を説明するために援用していた事実は興味深い。

C　レヴィ・ブリュール―社会学

ユングは彼の「集合的無意識」を解説するに際して、さらに、フランスの哲学者・社会学者レヴィ＝ブリュール Lévy-Bruhl（一八五七―一九三九年）の〈集団表象〉の概念を類義語として紹介する。ソルボンヌ大学教授を勤めたレヴィ・ブリュールは、前述のM・モースなどとともに民族学研究所を創設した人物で、その代表的著作『劣等社会における心的機能』Les fonctions mentales dans les sociétés inférieures（一九一〇年）（邦訳『未開社会の思惟』）の中で、このキーワードを用いた。

――柳田文庫には次の文献が所蔵されている。

＊Lévy-Bruhl: La mythologie primitive, 3. ed., Paris, 1935.
＊Lévy-Bruhl: Primitive mentality, tr. by Lilian A. Clare, London, 1923.
＊レヴィ・ブリュル『未開社会の思惟』山田吉彦訳、小山書店、一九三五年。[35]

同書の中心テーマは、未開社会における論理以前の思惟、「原始心理の研究」である。レヴィ・ブリュールによれば、「集団表象」とは「社会集団の成員に共通で、その社会内で世代から世代へ伝えられ、個々の成員を拘束し、それぞれの場合に応じて対象に尊厳、畏怖、崇拝の感銘を成員に呼び起す」もので、「集団表象の存否は個人の力に左右されない」とされる（「緒論」一）[36]。また同「緒論」五「心性の諸型」の中で、彼はこう語る。「固有の制度、習俗を持つ一定の型の社会は、したがってまた必然的に固有の心性を持つ。そしてこれらの異った社会類型には異った心性が対応する」[37]。

「集団表象」は、「非個人的」という意味では、ユングの「集合的無意識」に通じ合う性格を持っているが[38]、後者が「本能」あるいは「遺伝的な要因」のものであるのに対して、前者は「社会類型」と関係したものとして説明されている。

ところで、レヴィ・ブリュールのもう一つの著作『原始心性』(La mentalité primitive、一九二二年)(柳田文庫には、前述のように、その英訳版が所蔵されている)には、昔話の研究にとって重要な示唆が多々含まれている。例えば、「まえがき」で著者はこう語る。「私はそれゆえに、原始人があらゆる側から取り囲まれていると感じている目に見えない力とは何なのか、それを研究することに執着した。—彼らの夢、彼らが観察する、あるいは彼らが感じる予兆、試練、悪しき死……等々である」[39]。これはメルヘンの不可思議な世界に通じる「心性」ではあるまいか。また「序文」の次の一節。「原始人はこの世とあの世、実際に感じられる目の前のものと、それを超えたものとの間の区別をしない。彼は目に見えない精霊や手で触れられない力とともに、実際、暮らしている。彼にとって、現実に存在しているのはこうしたものなのである」[40]。

昔話の世界では、此岸と彼岸、現実と空想の区別がないこと、マックス・リューティのいわゆる「一次元性」Eindimensionarität が、その著しい特徴となっているが[41]、レヴィ・ブリュールの「原始人」(=自然民族)の世界は、まさにそうした「一次元性」の性格を帯びている。「論理的思考」と「前論理的思考」、「文明」と「未開」を、彼は極端に先鋭化して区別している傾向はあるものの[42]、人間の精神構造の多層性あるいは多様性を、民族学的・社会学的に浮き彫りにしたその功績は大きい。昔話の世界を観察する場合にも、彼の

「原始人」観は幾つかの重要なヒントを与えてくれる。

ところで、レヴィ・ブリュールは『未開社会の思惟』において、次のような所感を述べている。「すべての人類社会には共通な特質があり、それによって、他の動物社会から区別される。そこでは、言語が話される、伝統が承け嗣がれる、制度が維持される。その結果、人の社会では高等な心的機能は一つの基本を持ち、これはどこでも同じでないわけには行かない。だがそれはそうであっても、人間の社会は有機体として互に全く異った構造を示し、その結果、高等な心的機能に於てもこれに照応する相違を示し得るわけである。したがって観察される社会の如何を問わず、心的作業を一つの型に還元し、一切の集団表象を何時も同じ一つの心理的、論理的機構で説明しようとすることは捨てなければならない」(「緒論」)[43]。

人間には、動物とは異なって、人類に「共通な特質」があること、人間の社会には、「言語」「伝統」「制度」によって、「心的機能」が一つの同じ「基本」を持っていること、しかし他方で、「有機体」としての人間のそれぞれの社会には「異った構造」があって、それに応じて互いに相違する「心的機能」があることが、右の一節では述べられている。

前半の「共通な特質」は、言ってみれば、ユング心理学の「集合的無意識」に相応するが、後半の、人間社会の相違に対応する「心的機能」の異なる「構造」という考えは、社会学的な視点からの「心性」の分析で、前半とは性格が違う。

以上二つの方向、人類的規模での人間心理の共通性と、社会による心的機能の相違は、昔話の研究にとって、いずれも不可欠な要素ではあるまいか。世界各地に伝承されてきた昔話は、「言語」「伝統」「制度」の多様性を映し出すテクストとして、地域別に、精密に捉えられなければならないが、他方、それは人類に共通の性格を示す次元からも考察されるべきであろう。レヴィ・ブリュールの「集団表象」とユングの「集合的無意識」は、これら二つの方向で、人間心理を掘り下げてゆく視点を拓いてくれるように思われる。

D　W・ヴント—民族心理学

ラーツァルスとシュタインタールが民族心理学の基礎を築いていたことはすでに触れたが（第二章）、彼らはこの分野を構成する要素として、言語、神話、宗教、儀礼、慣習、法律、そして文字の文化遺産を挙げていた。十九世紀半ばのことである。それからほぼ半世紀後、心理学者・哲学者ヴィルヘルム・ヴント Wilhelm Wundt（一八三二—一九二〇年）がこの学問を体系化し集大成することになる。大著『民族心理学　言語と神話と慣習の発展法則の研究』Völkerpsychologie. eine Untersuchung der Entwicklungsgesetze von Sprache,

Mythus und Sitte　全十巻（一九〇〇—二一年）がそれである。

ヴントは最初、医学、特に生理学を学び、ハイデルベルク大学、チューリヒ大学、そしてライプツィヒ大学教授を歴任し、世界で初の実験心理学の研究所をライプツィヒに創設して、心理学雑誌『哲学研究』Philosophische Studie を刊行した。また一八八〇年頃からは、個人心理学を補完する意味で、民族心理学の研究に没頭し、右の大著を公刊した。各巻平均五百頁、全五千頁の膨大なその内容を、彼はみずから『民族心理学原理』Elemente der Völkerpsychologie, 1912 に要約もしている。

——柳田文庫には次の文献が所蔵されている。

＊Wilhelm Wundt: Völkerpsychologie, eine Untersuchung der Entwicklungsgesetze von Sprache, Mythus und Sitte, Stuttgart, Bd. 1, 4. Aufl., 1921, Bd. 2, 3. Aufl., 1912, Bd. 3, 3. Aufl., 1919, Bd. 4, 3. Aufl., 1920, Bd5., 2. Aufl., 1914, Bd. 6., 2. Aufl., 1915, Bd. 7., 1917,, Bd. 8, 1917, Bd. 9., 1918, Bd. 10., 1920.

＊Wilhelm Wundt: Elements of Folkpsychology, London, 1916.

柳田国男は右の英訳版『民族心理学原理』に拠って、ヴントを研究していたようである。その「〔英〕訳者序文」には次のように記されている。「ヴントの〈民族心理学〉は、個人的な意識の観点に限定された心理学によっては十分に解釈できないであろうある種の精神的現象が存在する、という確信の結果である。本書の推論の根本的な点は、それゆえ、集合（集団）的精神の現実性 the reality of collective minds を仮定していることにある」[44]。

『民族心理学原理』の内容は、第一章「原始人」、第二章「トーテミズムの時代」、第三章「英雄と神々の時代」、第四章「人間性の発展」に分かれ、人間精神の発展史の全貌を、民族学、言語学、神話学、歴史学、社会史、宗教学、等々、あらゆる角度から考察する。主眼は、個人的な意識とは異なる次元での、集合（集団）的精神の研究である。

同書「序文」の中で、ヴントは、前述ラーツァルスとシュタインタールが、〈民族心理学〉folk psychology という新しい用語を導入した功績を称え[45]、こう語る。「精神科学が扱うあらゆる現象は、実際、社会的な共同体の創造である。例えば、言語はある個人の偶然の発見ではない。人々（民族／国民）peoples の産物である」[46]。

「その〔民族心理学〕の問題は、人間生活の共同体によって創造された精神的産物に関係しており、それゆえ、たんなる個人的な意識の観点では説明できないものである。というのも、それは多くの人々の相互の行動を前提しているからである」(47)。「共同体によって創造された精神的産物」の例として、ヴントは同書第三章第十二節の中で、北欧神話『サガ』の神話的・歴史的な英雄（主人公）や昔話 Märchen の主人公、また昔話と『サガ』における魔法、聖者伝などを取り上げている(48)。口承文芸（昔話、聖者伝、等）は、その起源および性格からして、当然、民族心理学の重要なテーマの一つに属している。しかし逆に、民族心理学は、昔話のような具体的テクストを素材にしてはじめて、内実の豊かな学問として展開が可能となる、とも言える。

またヴントは、民族学と心理学の関係についてこう語る。「民族学の中心問題は、人々（民族）の現在の状態に関係するばかりではなく、それが生まれ、変化し、区別されるようになった道筋にも関連している。民族心理学は民族学の成果に基づいていなければならない。しかしながら、それ自身の心理学的な関心によって、民族心理学は精神的な発展の問題に心が向かうのである」(49)。

ヴントは最後にこう締めくくる。「こうして、民族心理学は民族学に依存するが、一方、後者（民族学）は、逆に、精神的な特性を研究するに際して、前者（民族心理学）の援助を請う。しかし、二つの学問の問題は基本的に異なっている」(50)。

ヴントの民族心理学は、社会単位あるいは民族単位で人間心理を研究するという意味では「集団的」「集合的」ではある。それに対して、ユングの「集合的無意識」の心理学は、個人的レヴェルを超えているという意味では、民族心理学の範疇に近いが、視点を諸民族の比較の方向に水平に向けるのではなく、個人的な無意識の更に深層に横たわると推定される人間意識の最古の層、「動物と人間に共通な〈ア・プリオリな〉本能」、「非個人的で遺伝的な要因」nicht-persönliche, hereditäre Faktoren[51]へ向けるゆえに、(無)意識の層を垂直の方向に掘り下げてゆく、という意味で、ヴントの民族心理学とは性格を異にする。ちなみに、ユングによれば、人間の「空想や知覚や思考」は、「生まれつきの、誰にでも備っている型式原理」に左右されているという。この「型式原理」、「存在に先んずる型式」、すなわち「元型」Archetypen[52]を、彼は神話や昔話など、民族の共有財産に探ろうとするのである。[53]

ユングの深層心理学の構造と射程に関しては、今日なお、様々な論議がなされているようであるが、昔話の解釈に限って言えば、彼の「集合的無意識」の概念が、重要な役割を果たしたことは周知の事実である。[54]そもそも昔話は共同体の只中から生まれ、民族あるいは民衆によって代々伝承されてきた文芸ジャンルであるだけに、そこには集団の観念が色々なかたちで具現していることは疑いない。ユングは確かに、彼の「集合的無意識」を探求するプロセスで、レヴィ・ブリュールが未開人の心理研究に際して用いた「集団表象」の観念などを援用していたが、ユング自身は人間心理を、遥かな深みに潜むとされる「集合的無意識」の方向あるいは次元へと掘り下げていったのである。

ヴントの民族心理学は、それに対して、個人心理とは別の次元で、人間心理を究明しようとする。彼は「人類によって示された精神的な発展の様々な段階」を、原始人から高度な文明人に至るまで「心理起因」psychogenesis の視点から追跡しようとする。[55]ヴントはみずから民族心理学を定義するにあたって、最も重要な「集団的」collective 概念である「民族」Volk（folk）（民衆の意味も含む）を、「共同体の基本的な創造の根底にある決定的な要因」とした。[56]これはある意味で、ヘルダーの Volk〔フォルク〕（＝民族、民衆）概念に近い。[57]ヴントはこの「フォルク」に照準を合わせ、またユングは個人を超えた人類普遍の「集合的無意識」に焦点を合わせて人間心理を考察したと言えよう。民族／民衆の文芸である昔話の考察にとって、民族心理学と深層心理学という、二方向の心理学は不可欠で、それらを相補的かつ有機的に関連させながら、昔話研究はその内容を深め豊かにしてゆくべきであろう。[58]

E　柳田国男

国際連盟の仕事でジュネーヴに滞在していた頃から、柳田国男は民族学、民俗学、神話学、心理学、文芸学等、多くの分野にわたる西欧の重要文献を収集し、日本で民俗学を樹立するために本格的な研究を開始する。(59)国際的な視野からの昔話研究もその一環であった。

『昔話を愛する人に』の中で、柳田はこう語る。「昔話蒐集の、国際的意義も亦甚だ大きい」。西洋ではこの学問はかなり進歩し、東洋の諸民族、特に多くの「特徴」と「古風」を保持するわが国の昔話が紹介されるのを期待している。なぜなら、「領土の遠近、人種の異同や文化の高低には関はらず、不思議に全世界の昔話の中には類似又は一致が多く、しかも其理由は実はまだ明らかになって居らぬ」からだ。(60)また『昔話のこと』において、柳田は「糠福米福」を例に言う、「同じ話が異った民族の間に、偶然に何の関係も無く存在することは想像し難い所でありますが、何故に斯うなったものでせうか」。「昔話は比較すればする程、民族間の一致は著しく……」。(61)

とりわけ、昔話の国際間での「一致」の謎を究明するべく、柳田は当時刊行されていたヨーロッパの文献を旺盛に読破し研究した。本稿ではその幾つかを概観してきた。

フィンランド学派・カールレ・クローンの『民俗学方法論』の、柳田文庫に所蔵されている原書（Kaarle Krohn: Die folkloristische Arbeitsmethode, Oslo, 1926.）には、無数のアンダーラインが引かれ、精読の様子がうかがわれるが、その巻末には、「昭和六年九月五日（父の日）読了」の自記が見られる。論文『ファンランドの学問』（一九三五年）の中で、彼はこう語る。「近頃ヘルシンキ大学のカァル・クローンといふ少壮教授は、是に関して一篇の方法論を公にしたが、……此人の最も著名な業績は、やはり又昔話の比較研究であった」[62]。この「比較」の方法論を体系的にまとめたのが、クローンの弟子アンティ・アールネの博士論文『昔話の比較研究』Vergleichende Märchenforschung, 1913 である。

前述『民俗学方法論』を邦訳した関敬吾は、同書の「あとがき」で、「本書の翻訳は柳田国男先生の慫慂によるものである。訳出するに当り先生の絶えざる御指導を賜は」ったと、謝意を表している[63]。ちなみに、関はアールネの右の『昔話の比較研究』も邦訳したが、その中で、アールネがクローンの言葉として披露していた一節は印象的かつ重要である。すなわち、昔話の研究は、「昔話の原型、発生地、発生時期および伝播経路」を見出すことに尽きるのではなく、「本当の昔話研究」はその後にはじめて始まる、と[64]。

地理的・歴史的方法を開拓し確立したフィンランド学派の中心人物は、ある意味、予想に反して、その方法の先にあるものに目を向けていたのである。アールネは「本当の」研究は、「民間信仰」や「慣習」、さらには「民族心理学的諸現象」にある、とする[65]。

フランスの哲学者・社会学者のレヴィ・ブリュールは、当時隆盛であったイギリス民族学派（E・B・タイラー等）[66]のキーワード「原始人」を、独自の観点から研究して名著『未開社会の思惟』Les fonctions mentales dans les sociétés inférieures, 1910. を発表した。柳田もレヴィ・ブリュールには注目していたようだ。ちなみに、右の書の邦訳者（山田吉彦）は、「凡例」の中でこう記している。「私が本書の翻訳権を獲得し、翻訳を始めたとき、柳田国男先生が、この本は日本の民俗学者必読の書であるばかりでなく、万般の教養人に読まるべき本だと云はれた」[67]。

柳田文庫にはレヴィ・ブリュールの『原始心性』の英訳（Primitive mentality, 1923.）も所蔵されているが、そこで叙述されている「原始人」（＝自然民族）観は、昔話の研究にも多くの示唆を与えてくれる。彼の前論理的思考と論理的思考の峻別については批判もあり、柳田もレヴィ・ブリュールの「原始人心境」に関連して、「古風と今風とが恰も淡水と鹹水のやうに、二立て別々に存するものと思って居る人が多いらしい」（『郷土生活の研究法』）[68]と述べている。ただ、『未開社会の思惟』をあらためて読むと、次のように書かれている。すなわち、世の中に「前論理的なもの」と「論理的なもの」という二つの心性が存在するわけではなく、それらは「同じ社会の中に及び度々―恐らくは常に―同じ精神の中に同時に存在する異った心的構造である」（『日本版序』）[69]。レヴィ・ブリュールは論旨を明確にするために、敢えて二つの「心性」を峻別したのかも知れない。

スイスの心理学者ユングは、レヴィ・ブリュールが『未開社会の思惟』の中で「原始人」社会の特性を分析する際に用いた「集団表象」の概念を、自らの「集合的無意識」と同様のものとして引用した。ユングは個人的無意識のさらに深層に、この「集合的」無意識を想定したのだが、ここにおいて、社会学あるいは民族学と心理学は無限に接近している。

ドイツ語圏では、もう一人の心理学者ヴィルヘルム・ヴントが、彼以前すでにラーツァルスとシュタインタールおよびバスティアンが着手していた民族心理学を本格的に体系化して大著『民族心理学』十巻を完成した。柳田文庫にはそのすべてが所蔵されているが、柳田はヴント自身が一巻に内容をまとめた『民族心理学原理』の英訳版（Elements of Folkpsychology, London, 1916.）に拠って、民族心理学を研究した。その巻末には「大正九年六月八日第一回了　七月二十一日始めむ」と自記されている。

ところで、「定本柳田国男集」「別巻五」の「索引」にヴントの名前は見当たらない。しかし実は、柳田は原書でその民族心理学を読んでいたのである。この心理学者の固有名詞は挙げていないものの、研究の痕跡あるいは成果は、彼自身の著作の随所に認めることができる。幾つか例を並べると、「民族心理の痕が際限も無く人の心を引く」（『妹の力』[70]）と語る柳田は、「所謂フォオクロアの無意識なる伝承に拠って、ただ辛うじて嘗て有ったものを、尋ね究めて行く」点に、昔話研究の意義を求め（『口承文芸史考』[71]）、「日本人らしさ」のような「無意識伝承」の発見は、「楽しく、又御互ひの向学心を刺戟する」とも述べている（『昔話覚書』[72]）。

民族の「無意識伝承」の再発見に、柳田は口承文芸学の本質的な意義を認めていたのである。昔話の世界的一致の不可思議は、この「無意識」と大いに関連しているように思われる。そのためにも、様々な民族の昔話の「比較」研究は欠かせないが、柳田が言うように、それはむしろ「楽しみ」であり向学心を「刺激」するという意味でも、貴重なものなのである。現在ドイツで刊行中の『昔話百科事典』は、「比較研究」のために内容豊かな資料を提供し続けている。

結び

その『昔話百科事典』（第八巻）の「比較学」Komparatistik の項を繙くと、十八世紀末頃から、西洋では組織的に「比較」を意図した学問が成立したこと、また十九世紀には、

「比較」を冠した学問、例えば、言語学、神話学、宗教学、民俗学、民族学、民族心理学、社会学等が普及し、さらに二十世紀に入ると、文化人類学や社会人類学、また文芸学において「比較」の意義はますます高まった。そして今日、「比較」は、言語や民族の境界を超えて、認識の視界を広げようとする文化諸科学の要請を代表している、と記されている。[73]

柳田国男は、ジュネーヴ滞在の頃から、西洋の諸学問の重要文献を精力的に収集・研究して、わが国に、グローバルな視野に立つ民俗学を創設する準備を着々と進めていた。口承文芸学に限っても、グリム研究ほか、彼が揃えた文献は、質量ともに群を抜いているが、[74]この学問の核心的な課題、つまり、昔話を「何のために」（目的）、「どのように」（方法）研究するのかを、彼は民族学・民俗学、宗教学、社会学、そして心理学等の知識を土台に、的確に位置づけようと試みていた。その視野の広さは、現在の学問動向に鑑みても、驚くべきものがある。というより、学際的な研究が叫ばれる今こそ、彼の学問のあり方は見直されるべきであろう。

柳田が、昔話に関して最も興味を抱いたのは、その世界的な「一致」であった。彼はその原因、「何かよくよくの」理由を、[75]みずからに、そして広く一般に問いかけた。彼はその手がかりを「無意識伝承」に求めた。換言すれば、「民間伝承」や「慣習」といった、

「民族心理」を反映する諸事象にこそ、『青年と学問』の言葉を借りれば、「私たちの学問、即ち民族固有の思想と信仰と感情、此等のものから生れてくる国の歴史の特殊性の研究[76]」の鍵があると、彼は洞察した。そのためには、「常に比較と綜合との努力を怠ってはならぬ[77]」と、柳田は警告する。

「比較」と「綜合」、この「比較」に関して、『昔話百科事典』はこう興味深いコメントを述べている。「比較」は一九〇〇年頃、その「題材選択の偶然性」や「あまりに大まかな類推」が反駁され、「比較」による認識は、「精密な歴史的・文献学的資料批判」によって否定された。にもかかわらず、今日「比較学」が広く人々を惹きつけてやまないのは、方法の厳密性よりは、「比較考察」の「刺激力」と「示唆力」に基づいている、と[78]。思えば、柳田も「無意識伝承」の研究の「楽しさ」と「刺戟」を語っていた（『昔話覚書』）。もちろん、昔話研究は、出来るだけ多くの資料を集め、精緻な分析を重ねて、「比較」を試みなければならない。が、逆に、「楽しさ」と「刺戟」がなければ、厳密さもその力を失うことを、この分野に携わる人は心に留めるべきなのかも知れない。

注

（1）『昔話覚書』（『柳田国男全集』13、筑摩書房、一九九八年）六七六頁。

(2) Enzyklopädie des Märchens. Handwörterbuch zur historischen und vergleichenden Erzählforschung. Hrsg. von Kurt Ranke, Walter de Gruyter, Berlin/New York, 1977, S. v.

(3) 柳田文庫には次の文献が所蔵されている。Lutz Mackensen: Handwörterbuch des deutschen Märchens, hrsg. von Johannes Bolte, Walter de Gruyter, Berlin, Bd. 1, 1933, Bd. 2, 1940. 同書には所々に柳田の書き込みメモが見られる。

(4) 注(2) a. a. O., S. vi.

(5)『昔話覚書』五一四頁。

(6)『郷土生活の研究法』(『柳田国男全集』8、筑摩書房、一九九八年)二五四頁。

(7)『昔話と文学』(『柳田国男全集』9、筑摩書房、一九九八年)四〇八頁。

(8)『郷土生活の研究法』二四八頁。

(9)「原注」に始まる昔話比較研究の歴史に関しては、拙論「研究ノート」『比較民話学とは何か』(『成城文藝』第二〇六号、二〇〇九年三月所収)を参照。

(10) 現在は次の第三版が刊行されている。Antti Aarne/Stith Thompson: The Types of the Folk-Tale, Helsinki, 1961 (FFC184).

(11) 邦訳『昔話の比較研究』A・アールネ著、関敬吾訳、岩崎美術社、一九八三年。以下は同書から引用する。

(12) 注(11)七二頁。

(13) Enzyklopädie des Märchens, Bd. 5, 1987, S. 1013.

(14) 注(11)七二—七三頁。

(15) 注(11)七三頁。

(16) 邦訳『民俗学方法論』クローン著、関敬吾訳、岩波文庫、一九九五年。以下は同書から引用する。

(17) 柳田国男のフィンランド学派研究に関しては、次を参照。『柳田国男とヨーロッパ』高木昌史編、三交社、二〇〇六年、五二—五五、四一六—四一八頁。

(18) 注(16)七六頁。

(19) 注(16)三一頁。

(20) Jacob Grimm: Deutsche Mythologie, 3 Bde., Olms-Weidmann, Hildesheim/Zürich/New York, 2001. その全貌については次を参照。『グリム童話を読む事典』高木昌史、三交社、二〇〇二年、三三一—三三三頁。

(21) 注(16)四二頁。

(22) 注(16)四三頁。

(23) 注(16)七七頁。

(24) 『メルヘンへの誘い』マックス・リューティ著、高木昌史訳、法政大学出版局、二〇〇一年、一〇三／一一一／一一八／一五三頁を参照。

(25) 柳田国男がジュネーヴに滞在していた頃、ユングはチューリヒで『心理学的類型』を完成・出版している。

(26) C. G. Jung-Taschenbuchausgabe in elf Bänden, Hrsg. von Lorenz Jung, Archetypen 4. Aufl., Deutscher Taschenbuch Verlag, München, 1993, S. 46. 邦訳『元型論』C・G・ユング／林

道義訳、紀伊国屋書店、一九八二年。以下は同書から引用する。

(27) 注(26) a. a. O., S. 45. 邦訳一〇頁。

(28) 注(26) a. a. O., S. 45. 邦訳一〇頁。

(29) Ingeborg Weber-Kellermann/Andreas C. Bimmer: Einführung in die Volkskunde/Europäische Ethnologie., 2. Aufl., J. B. Metzlersche Verlagsbuchhandlung, Stuttgart, 1985, S. 59.

(30) 注(29) a. a. O., S. 59.

(31) 注(26) a. a. O., S. 46. 邦訳一三頁。

(32) 注(26) a. a. O., S. 47. 邦訳一三頁。

(33) 注(26) 所収。

(34) 注(29) a. a. O., S. 57.

(35) 現在は『未開社会の思惟』レヴィ・ブリュル／山田吉彦訳、岩波文庫、一九八三年。

(36) 注(35) 一五頁。

(37) 注(35) 三三頁。

(38) 注(36) 邦訳一〇頁。

(39) Lévy-Bruhl: Primitive mentality, tr. by Lilian A. Clare, London, 1923, p. 12.

(40) ibid., p. 32.

(41) Max Lüthi: Das europäische Volksmärchen, 8. Aufl. Francke Verlag, Tübingen, 1985. 邦訳『ヨーロッパの昔話』M／リューティ、小澤俊夫訳、岩崎美術社、一九八二年。

(42) 注(29) a. a. O., S. 61.
(43) 注(35) 邦訳三四頁。
(44) Wilhelm Wundt: Elements of Folkpsychology, tr. by Edward Leroy Schwaub, London, 1916, p. vii.
(45) 注(44) ibid., p. 2.
(46) 注(44) ibid., p. 2.
(47) 注(44) ibid., p. 3.
(48) 注(44) ibid., p. 374-383.
(49) 注(44) ibid., p. 5.
(50) 注(44) ibid., p. 6.
(51) 注(26) a. a. O., S. 46. 邦訳一一二頁。
(52) 注(26) a. a. O., S. 46. 邦訳一一一頁。
(53) 注(26) a. a. O., S. 45. 邦訳一一〇頁。
(54) Enzyklopädie des Märchens, Bd. 8, 1996, <Kollektivität, Kollektivbewusstsein> S. 66.
(55) 注(44) ibid., p. 4.
(56) 注(44) ibid., p. 5.
(57) 注(29) a. a. O., S. 17f.
(58) 注(29) a. a. O., S. 59ff.
(59) 詳しくは前掲書『柳田国男とヨーロッパ』参照。

(60)「昔話を愛する人に」（『定本柳田国男集』第八巻、筑摩書房、一九七七年）四八四頁。
(61)「昔話のこと」（『定本柳田国男集』第八巻）四九九頁。
(62)「フィンランドの学問」（『柳田国男全集』29、筑摩書房、二〇〇二年）二八四—二八五頁。
(63) 邦訳『民俗学方法論』「あとがき」二二七頁。
(64) 邦訳『昔話の比較研究』七二頁。
(65) 邦訳『昔話の比較研究』七二—七三頁。
(66) 邦訳『未開社会の思惟』三三頁。
(67) 邦訳『未開社会の思惟』「凡例」三頁。
(68)『郷土生活の研究法』二一七頁。
(69) 邦訳『未開社会の思惟』「日本版序」七頁。
(70)『妹の力』（『柳田国男全集』11、筑摩書房、一九九八年）二五九頁。
(71)『口承文芸史考』（『柳田国男全集』16、筑摩書房、一九九九年）五〇一頁。
(72)『昔話覚書』五八八頁。
(73) Enzyklopädie des Märchens, Bd. 8, 1996, S. 106f.
(74) 前掲書『グリム童話を読む事典』三五九—三六七頁「柳田国男のグリム研究」参照。
(75)『昔話覚書』五一四頁。
(76)『青年と学問』（『柳田国男全集』4、筑摩書房、一九九八年）一三二頁。
(77)『青年と学問』一三三頁。
(78) Enzyklopädie des Märchens, Bd. 8, 1996, S. 107.

結語

昔話〈民話〉の特徴の一つは、類話が様々な場所に、時にはまったくかけ離れた地域に見出される点にある。その伝播力は驚異的とさえ言える。口承文芸学を魅力ある文学ジャンルとして確立したドイツのグリム兄弟は、『子供と家庭の童話集』を編集するに際し、世界各地の類話を「原注」に記して、今日、国際標準となっているアールネ／トンプソンの『昔話のタイプ』の土台を築いたが、わが国に民俗学を創設した柳田国男が驚きを覚えたのも、昔話の〈東西の一致〉であった。日本の昔話の類話がグリムの収集したものの中に「五十は安々と拾い上げられる」（『昔話覚書』）不思議さに彼は着目したのである。

グリム兄弟が没してからほぼ半世紀後、ヨーロッパではフィンランド学派〈A・アールネ／K・クローン〉が口火を切って、口承文芸学が急速に進展した。一九一〇年代から三〇年代までそれは隆盛を極め、第一の波が形成された。その活況の只中、柳田国男は国際連盟の仕事で渡欧し、ジュネーヴに拠点を置いて、公務の傍ら、民族学・民俗学関係の研究文献を収集した。中でも、J・ボルテ／G・ポリフカの『グリム兄弟「子供と家庭の童話集」注解』五巻やJ・ボルテ／L・マッケンゼン編『ドイツ昔話辞典』二巻等は、彼にとって、昔話の比較研究という未知なる分野の開拓に大いに役立った。

柳田が没してから半世紀あまりが経過した昨二〇一四年、ドイツで一九七七年から順次刊行されてきた『昔話百科事典』が、索引を残して、全十四巻で完結した。今日の学問動向を踏まえて〈全世界的〉かつ〈学際的〉に構想されたこの『事典』によって、今後口承文芸学に第二の波が形成されてゆくにちがいない。本書も『昔話百科事典』を随時参照しながら書き進められた。

本書では、グリム兄弟編『子供と家庭の童話集』と日本昔話を両極に据えて、柳田が開拓した昔話の東西比較を幾つかのテーマに沿って試みた。各章の概要は以下の通りである。


第一章「果実からの誕生」は、スペイン民話「三つのオレンジ」と日本の「瓜子姫」を中心に、西洋と東洋に見られる「果物」（オレンジ／レモン／瓜、等）から生まれた乙女の物語を考察した。この物語タイプには、プロップやフレイザーが指摘する〈共感呪術〉の観念、柳田が認める一種の〈貴種流離譚〉、そして東洋的な輪廻思想（魂の遍歴）などの要素が背景に隠れている。

第二章は「羽衣物語」である。四世紀の中国（『捜神記』）にその最古の例が見出され、遠くユーラシア大陸の西端からさらに海を隔てたアイスランドの古代北欧歌謡集『エッダ』にも歌われている羽衣の物語は、世界的に分布し、特に自然民族（エスキモー／アイヌ）のそれは民族学・民俗学的に興味深い。この物語タイプの源流には、察するところ、北部ユーラシアのシャーマニズムが関係している。M・エリアーデの『シャーマニズム』論は羽衣物語の解読にとって示唆的と思われる。

第三章「呪的逃走」は、羽衣物語と同様、世界的な分布を持つ最古のモティーフの一つに数えられる。グリム童話「水の魔女」（KHM七九）と「めっけ鳥」（KHM五一）、わが国の「三枚の御札」はその典型的な例だが、このタイプは神話との結びつきが強い。ギリシア神話「アタランテーの物語」、日本の『古事記』、ヤーコプ・グリムの『ドイツ神話学』等、各国の神話が有力なヒントを与えてくれる。また〈呪的逃走〉の深層を探るに際しては、プロップの『魔法昔話の起源』が貴重な文献となる。

第四章「骨のフォークロア」では、グリム童話「歌う骨」（KHM二八）と日本昔話「踊る骸骨」を、インド・パンジャブ地方とイタリア・シチリア島の民話等を引証しながら比較考察した。古い資料として、旧約聖書や『日本霊異記』等も参照したが、これらには〈骨〉に纏わる民間信仰が色濃く反映している。グリム童話「ねずの木の話」（KHM四七）を併読すると、骨を媒介に、魂が転生する輪廻思想が浮かび上がる。

第五章「兄弟を捜す妹」では、グリム童話「十二人兄弟」（KHM九）、「七羽の鴉」（KHM二五）、「六羽の白鳥」（KHM四九）に見られるAT四五一「兄弟を捜す少女」タイプが、内容的に、「兄弟を助ける妹」に一致すること、またその類話がわが国では、柳田国男が強い関心を寄せた南西諸島に再発見されること、ゲルマン古代の女性崇拝と沖縄の〈をなり神〉信仰（伊波普猷）がこのタイプに共通の民間信仰となっていることに触れた。

第六章「橋の不思議」は、グリム兄弟編『ドイツ伝説集』所収の「橋の上の宝の夢」（DS二一二）とわが国の昔話「味噌買橋」を出発点に、人々が頻繁に往来する橋をめぐる不思議あるいは怪異を扱った。夢と占い、悪魔と亡霊と鬼、一転して、聖人といった具合に、古今東西、橋の周辺には多くの謎が潜んでいる。その謎を解く鍵の一つは、古代ローマの民間信仰に窺われる。

以上、第一章から第六章までは、昔話（民話）の東西比較である。呪的逃走、橋等々、様々なテーマをめぐって、西洋と東洋ではどのような観念の相違、そして共通点があるのかを探ってみた。

最後の第七章は、「比較民話」の基礎となる理論を扱っている。グリム兄弟以後のヨーロッパにおける昔話の比較研究の歴史を、フィンランド学派を出発点として、特にスイスの深層心理学者カール・グスタフ・ユングの「集合的無意識」の概念を中心に辿った。その際、わが国の口承文芸学との接点を確認するために、柳田国男の洋書文献研究を随時参照した。

昔話は、一見、親しみやすく近づきやすい文芸ジャンルである。多くの人が、祖父母や両親などから、ある時は夢のある、いわゆるメルヘンチックな話を、またある時はぞくぞくするような怖い物語を直接聞かせてもらったり、絵本で読んでもらったりした経験を持っているにちがいない。昔話は、文芸の中でも身近さの点では群を抜くジャンルである。

しかしその身近さとは裏腹に、昔話は時にその奥の深さを垣間見させる瞬間がある。その時、特に成人後、人は昔話についてコメントすることの困難さを痛感する。恐らく、昔話を生み出した社会や歴史や心理が複雑に絡み合って、その中に深く沈澱しているからであろう。物語の向こう側に何か豊かなメッセージが隠されているにちがいない、と人は薄々予感するのだが。昔話は意外に懐が深いのである。口承文芸学は、様々な次元で、その奥にあるものを発見しようと探究の光を当ててゆく。

昔話と類話は、世界各地に、同時にあるいは互いに関係なく、似通った状況の下に発生することもあれば（多元発生説）、口伝えにある場所から他の場所へ伝播することもある（移動説）。いずれにせよ、口承文芸として、昔話は特定の民族／民衆の中で育まれ、世代から世代へと伝承され各土地に定着してゆく。その意味で地方色を帯びる。しかし、一旦、自国を離れ、他の国や民族に存在する類話を比較すると、そこには超域的で人類に普遍的な部分が浮かび上がってくる。昔話比較の意義と醍醐味は恐らくそこにある。

柳田国男の没後半世紀あまりが経過し、四十年近くの歳月をかけて『昔話百科事典』が完結した現在、昔話を国際的な規模で比較考察する環境はいよいよ整ってきた。二十世紀前半の口承文芸学の第一の波に続いて、これから第二の波を引き起こすべく、本書が少しでも寄与することができれば、と願って止まない。

初出一覧

第1章　「瓜子姫／三つのオレンジ」『成城文藝』第二二二号、二〇一三年三月
第2章　「天人女房／白鳥処女」『成城文藝』第二二三号、二〇一三年六月
第3章　「三枚の御札／水の魔女」『成城文藝』第二二四号、二〇一三年九月
第4章　「踊る骸骨／歌う骨」『成城文藝』第二二五号、二〇一三年十二月
第5章　「AT四五一の東西―兄弟を捜す少女」『民俗学研究所紀要』第二十七集　二〇〇三年三

月（成城大学民俗学研究所）

第6章「橋伝説の東西」『民俗学研究所紀要』第三十二集、二〇〇八年三月（同）

第7章「昔話の比較研究―歴史・目的・方法」『民俗学研究所紀要』第三十四集　二〇一〇年三月（同）

図版一覧

図1　グリム兄弟［右ヤーコプ・グリム（一七八五―一八六三）／左ヴィルヘルム・グリム（一七八六―一八五九）、銀板写真［ダゲレオタイプ］、一八四七年

図2　柳田国男（一八七五―一九六二）、ジュネーヴにて、一九二二年

図3　「三つのシトロン」挿絵、バジーレ『ペンタメローネ』一七九四年版（ナポリ）

図4　白鳥の船（ヴァルハラに死者を運ぶ）、ヴェステルイエートラント、スウェーデン

図5　「水の魔女」挿絵、オットー・ウッベローデ（一八六七―一九二二）一九〇七年

図6　「歌う骨」挿絵、オットー・ウッベローデ、一九〇七年

図7　「六羽の白鳥」挿絵、ルートヴィヒ・リヒター（一八〇三―一八八四）一八五〇年

図8　レーゲンスブルクの石橋（ドナウ河）（ドイツ）

図9　一條戻橋（京都）

図10　カール・グスタフ・ユング（一八七五―一九六一）、一九二〇年頃

出典

・Kinder-und Hausmärchen, gesammelt durch die Brüder Grimm, Artemis & Winkler Verlag, München, 15. Aufl., 1993.

・Kinder-und Hausmärchen, gesammelt durch die Brüder Grimm in drei Bänden, Insel Verlag, Frankfurt am Main, 1984.

・Giambattista Basile, Das Märchen aller Märchen. >Pentamerone<, Deutsch von Felix Liebrecht, hrsg. von Walter Boehlich, Insel Verlag, Frankfurt am Main, 1982.

主要テクスト／参考文献

［グリム兄弟］

*Brüder Grimm, Kinder- und Hausmärchen, Ausgabe letzter Hand mit den Originalanmerkungen der Brüder Grimm, 3Bde., hrsg. von Heinz Rölleke, Philipp Reclam jun., Stuttgart, 1982/83. ＫＨＭ『子供と家庭の童話集』（第七版）（レクラム文庫版三巻）

*Kinder- und Hausmärchen, gesammelt durch die Brüder Grimm. Vollständige Ausgabe auf der Grundlage der dritten Auflage（1837）, hrsg. von Heinz Rölleke, Deutscher Klassiker Verlag, Frankfurt am Main, 1985. ＫＨＭ（第三版）（ドイチャー・クラシカー版）

*Brüder Grimm, Kinder- und Hausmärchen, hrsg. von Hans-Jörg Uther in 4 Bänden, Eugen Diederichs Verlag, München, 1996. ＫＨＭ（第七版）（ディーデリヒス版四巻）

*Die älteste Märchensammlung der Brüder Grimm, Synopse der handschriftlichen Urfassung von 1810 und der Erstdrücke von 1812, hrsg. und erläutert von Heinz Rölleke, Fondation Martin Bodmer, Colgny-Genève, 1975.（ＫＨＭエーレンベルク稿と初版の対照版）

*Kinder- und Hausmärchen. Gesammelt durch die Brüder Grimm. Vergrößerter Nachdruck der zweibändigen Erstausgabe von 1812 und 1815, hrsg. von Heinz Rölleke, 2Bde. mit einem Ergänzungsheft, Vandenhoeck & Ruprecht in Göttingen, 1996. ＫＨＭ（初版二巻）

＊Deutsche Sagen, hrsg. von den Brüder Grimm. Ediert und kommentiert von Heinz Rölleke, Deutscher Klassiker Verlag, Frankfurt am Main, 1994.（DS『ドイツ伝説集』ドイチャー・クラシカー版）
＊Brüder Grimm, Deutsche Sagen, 3Bde., hrsg. von Hans-Jörg Uther, Eugen Diederichs Verlag, 1993.（DSディーデリヒス版三巻）

[ヤーコプ・グリム]

＊Jacob Grimm, Deutsche Mythologie, 3Bde., Olms-Weidmann Verlag, Hildesheim/Zürich/New York, 2003.（DM『ドイツ神話学』三巻）
＊Jacob Grimm, Deutsche Rechtsaltertümer, 2Bde., Wissenschaftliche Buchgesellschaft, Darmstadt, 1994.（DR『ドイツ法律故事誌』二巻）
＊Jacob Grimm, Kleinere Schriften, 8Bde., Olms-Weidmann Verlag, Hildesheim/Zürich/New York, 1992.（『小論集』八巻）

[ヴィルヘルム・グリム]

＊Wilhelm Grimm, Kleinere Schriften, 4Bde., Olms-Weidmann Verlag, Hildesheim/Zürich/New York, 1992.（『小論集』四巻）

[事典類]

＊Enzyklopädie des Märchens, hrsg. von Kurt Ranke, Walter de Gruyter, Berlin/New York, 14Bde., 1977-2014（A～Z）.（EM『昔話百科事典』十四巻）

＊Johannes Bolte und Georg Polívka, Anmerkungen zun den Kinder- und Hausmärchen der Brüder Grimm, 5Bde., Neudruck, Georg Olms Verlag, Hildesheim/New York, 1982.（B／Pボルテ／ポリフカ『グリム兄弟「子供と家庭の童話集」注解』五巻）

＊Hans-Jörg Uther, Handbuch zu den > Kinder- und Hausmärchen < der Brüder Grimm, 2. Aufl., Walter de Gruyter, Berlin/Boston, 2013.（ウター『「子供と家庭の童話集」ハンドブック』

＊Felix von Bonin, Wörterbuch der Märchen- Symbolik, Param Verlag, Ahlerstedt, 2009.（ボニーン『メルヘン・象徴解釈辞典』）

＊Handwörterbuch des deutschen Aberglaubens, 10Bde., hrsg. von Hanns Bächtold-Stäubli unter Mitwirkung von E. Hoffmann-Krayer, Walter de Gruyter Verlag, Berlin/New York, 2000.（HA『ドイツ俗信辞典』十巻）

＊Wörterbuch der deutschen Volkskunde, Richard Beitl/Klaus Beitl, 3. Aufl., Alfred Kröner Verlag, Stuttgart, 1974.（クレーナー版『ドイツ民俗学辞典』）

＊Enzyklopädie des Mittelalters, 2Bde., hrsg. von Gert Melville und Martial Staub, Wissenschaftliche Buchgesellschaft, Darmstadt, 2008.（『中世百科事典』二巻）

＊Rudolf Simek, Lexikon der germanischen Mythologie, Alfred Kröner Verlag, Stuttgart, 1984.（クレーナー版『ゲルマン神話事典』）

＊Arnulf Krause, Lexikon der germanischen Mythologie und Heldensage, Philipp Reclam jun., Stuttgart, 2010.（レクラム版『ゲルマン神話と英雄伝説事典』）

＊Antti Aarne and Stith Thompson, The Types of the Folktale, Helsinki, 1987（1961, Second

Revision).（AT『アールネ／トンプソン『昔話のタイプ』）
＊Hiroko Ikeda, A Type and Motif Index of Japanese Folk-Literature, Helsinki, 1971.（池田弘子『日本伝承文学のタイプとモティーフ』）
＊Medieval Folklore. A Guide to Myths, Legends, Tales, Beliefs, and Customs. Edited by Carl Lindahl, John McNamara, John Lindow, Oxford University Press, 2002.（オックスフォード版『中世のフォークロア』）
＊The Greenwood Encyclopedia of Folktales & Fairy Tales, Edited by Donald Haase, Greenwood Press, Westport/Connecticut/London, 3vols, 2008.（グリーンウッド版昔話／御伽話百科事典』三巻）
＊『グリム童話を読む事典』高木昌史、三交社、二〇〇二年

［柳田国男］
＊『定本柳田国男集』全三十一巻・別巻五、筑摩書房、一九六二〜一九六四年
＊『柳田国男全集』全三十二巻、ちくま文庫版、一九八九〜一九九一年
＊『柳田国男全集』全三十六巻・別巻二、筑摩書房、現在刊行中
＊『日本昔話名彙』柳田国男監修／日本放送協会編、日本放送出版協会、一九七二年（初版、一九四八年）
＊『日本伝説名彙』柳田国男監修／日本放送協会編、日本放送出版協会、一九七一年（初版、一九五〇年）

＊『柳田国男事典』野村純一・三浦佑之・宮田登・吉川祐子編、勉誠出版、一九九八年
＊増補改訂『柳田文庫蔵書目録』、成城大学民俗学研究所、二〇〇三年
＊『民俗学研究所紀要』第二十二集別冊、成城大学民俗学研究所、一九九八年
＊『柳田国男とヨーロッパ―口承文芸の東西』高木昌史編、三交社、二〇〇六年

［日本昔話］

＊『日本昔話大成』関敬吾、全十二巻、角川書店、一九七八〜一九八〇年
＊『日本昔話事典』稲田浩二・大島建彦・川端豊彦・福田晃・三原幸久編、弘文堂、一九九九年
（初版、一九九四年）
＊『昔話・伝説小事典』野村純一・佐藤涼子・大島広志・常光徹編、みずうみ書房、一九八七年
＊『昔話・伝説必携』（別冊國文学）、野村純一編、學燈社、一九九一年

あとがき

今年、二〇一五年は昔話にとって記念すべき年となった。第一に、世界のメルヘン文学の源流とも言えるグリム兄弟の『子供と家庭の童話集』初版二巻（一八一二／一五年）が刊行されてから二百年目を迎えること。第二に、一九七七年からドイツで刊行が開始された『昔話百科事典』が、昨二〇一四年、遂に全十四巻で完結したこと（索引未完）。第三に、日本の口承文芸の夜明けを告げる柳田国男の『遠野物語』（一九一〇年）が刊行されてから一世紀あまりが経過したこと、以上が重なったからである。二十一世紀初頭の現在、昔話をめぐる状況は大きな転換期に差し掛かっているようだ。

昔話へのアプローチには色々な方法が考えられる。本書では、転換をもたらす契機の一つとして、昔話（民話）の国際（東西）比較を試みた。

昔話の特徴の一つは類話が多い点にある。昔話は、シンデレラ物語に代表されるように、民族を超え、国境を越えて、世界各地に、時には遠く離れた地域に類話が発見される。灰かぶり型はドイツにもフランスにも、中国にも日本にも、そして世界中の至る所に見出される。その意味で、昔話は本来的にグローバルな性格を持っている。しかし他方、昔話は、類話を仔細に検討すると、地域による差異を示してもいる。その意味で、昔話にはローカルな性格がないわけではない。要するに、昔話という文学ジャンルはグローバルとローカルが微妙に交錯する独特な場所に位置する。

昔話のこのグローバル性とローカル性は、もちろん、様々な地域の昔話を比較することによって初めて明らかになる。比較によって、自国／自民族に特有なもの、自国／自民族と異国／異民族に共通の人類普遍のもの、双方が浮き彫りにされる可能性が生まれる。比較民話は究極的にはそこを目指すのである。

本書では主に、グリム兄弟編『子供と家庭の童話集』と日本昔話を対比しながら、幾つかのテーマについて考えた。これを一つのきっかけとして、わが国で各種各様の比較民話が今後盛んに試みられることを筆者は期待している。

末筆ながら、本書の企画から刊行まで、折りに触れて貴重な助言を下さった三弥井書店の吉田智恵さんに心から感謝申し上げます。

二〇一五年九月

著者紹介

高木昌史（たかぎ・まさふみ）

1944年、旧満州国鞍山生まれ。1975年、東京都立大学大学院博士課程（独文学専攻）単位取得

満期退学。國學院大学文学部専任講師、助教授、教授を経て、2001年、成城大学文芸学部教授。2015年、定年退職。成城大学名誉教授。

著書 「グリム童話を読む事典」（三交社、2002）、「柳田国男とヨーロッパ」（編）（同、2006）、「ヘルダーリンと現代」（青土社、2014）

翻訳書 「昔話と伝説」M・リューティ、高木万里子共訳（法政大学出版局、1995）、「メルヘンへの誘い」M・リューティ（同、1997）、「グリム兄弟　生涯・作品・時代」G・ザイツ、高木万里子共訳（青土社、1999）、「民間伝承と創作文学」（法政大学出版局、2001）、「世界文学の文献学」E・アウエルバッハ、岡部仁・松田治共訳（みすず書房、1998）、「アドルノ文学ノート」2、三光長治・他共訳（同、2009）他

編訳書 「美のチチェローネ」J・ブルクハルト（青土社、2005）、「ゲーテと読む世界文学」（同、2006）、「世紀末芸術論」リルケ・ジンメル・ホフマンスタール（同、2008）、「グリム兄弟メルヘン論集」高木万里子共編（法政大学出版局、2008）他

グリム童話と日本昔話　比較民話の世界

2015年11月18日　初版発行

定価はカバーに表示してあります

©著　　者　　高 木 昌 史

発 行 者　　吉 田 榮 治

発 行 所　　株式会社 **三 弥 井 書 店**

〒108－0073 東京都港区三田 3－2－39

電話 03－3452－8069 振替00190－8－21125

ISBN978-4-8382-3294-9 C0039　　印刷 藤原印刷